订单农业风险管理、生产决策及补贴机制研究

余星 著

哈尔滨工业大学出版社
HARBIN INSTITUTE OF TECHNOLOGY PRESS

内 容 简 介

本专著基于期货、期权和农业保险市场的独特功能,针对订单农业高违约率问题设计订单农业协调机制;针对农业生产中的价格和产量风险利用衍生品套期保值对冲风险,建立基于衍生品套期保值的订单农业生产模式;针对现实中政府直接补贴存在的问题,探讨新的政府补贴机制,比如补贴期权金和补贴农业保险费等。研究成果将为期货、期权和农业保险在服务于"公司+农户"模式中的应用、为促进"公司+农户"型订单农业协调发展提供新思路。

本书可作为高等院校风险管理和供应链金融等方向研究生及实际风险管理工作者的参考书。

图书在版编目(CIP)数据

订单农业风险管理、生产决策及补贴机制研究 / 余星著. —哈尔滨:哈尔滨工业大学出版社,2018.6(2024.6重印)
ISBN 978-7-5603-7315-7

Ⅰ.①订… Ⅱ.①余… Ⅲ.①农工商联合企业-农业企业管理-研究-中国 Ⅳ.①F324.5

中国版本图书馆 CIP 数据核字(2018)第 076341 号

策划编辑	闻 竹
责任编辑	李长波 关 鑫
出版发行	哈尔滨工业大学出版社
社 址	哈尔滨市南岗区复华四道街 10 号 邮编 150006
传 真	0451-86414749
网 址	http://hitpress.hit.edu.cn
印 刷	黑龙江艺德印刷有限责任公司
开 本	787mm×960mm 1/16 印张 9 字数 166 千字
版 次	2018 年 6 月第 1 版 2024 年 6 月第 2 次印刷
书 号	ISBN 978-7-5603-7315-7
定 价	63.00 元

(如因印装质量问题影响阅读,我社负责调换)

前　言

本书主要着眼于研究订单农业风险管理、生产决策及补贴机制的设计问题。考虑这三个问题的背景主要有：

(1)农业生产中不可避免地要面对各种各样的风险，比如一级市场和二级市场的价格风险、农业生产"靠天吃饭"的特性导致的产出风险、"姜你军，蒜你狠"等现象背后隐含的需求风险、订单农业中公司的履约信用风险等。金融衍生品具有对冲风险的功能。若把金融衍生品应用于农业生产中，将有效地借助现代金融市场反哺农业，让社会游资分担农产品市场风险，以形成合理的农业风险配置与利益分配机制。这既是农业生产发展内在演进的必然，也是我国农业突破小生产与大市场间的根本矛盾、实现农业风险金融化管理的必然选择。

(2)我国推广应用商品期货已经有一段时间。2017年3月31日，国内首个商品期权——豆粕期权问世。农业保险目前也在逐步打开市场。但是，与国外相比，我国将金融衍生产品应用于农业生产的实践仍存在不足。在这种背景下，政府如何发挥其政策引导和协调的作用，促进国内农业生产实体经济与金融衍生品的有机结合，是其在供给侧改革背景下完善政府职能、促进金融市场全面发展所面临的实际问题。

(3)政府支持"三农"发展的方法之一是提供补贴，主要是直接补贴，比如按面积给农户提供补贴，给农户提供农药、化肥等生产资料补贴，给涉农企业提供贷款补贴等。然而，在实际实施过程中，由直接补贴方式导致的类似于骗保等不良现象屡见不鲜。因此，如何转变政府的补贴方式是一个现实问题。

本书基于期货、期权和保险市场分散与配置风险机制的分析，构造并论证了期货订单、期权订单、期货期权订单和保险订单等风险外化通道，从而为实现订单农业风险的社会化、规范化与金融化管理提供新方法。此外,本书还针对现实中政府直接补贴存在的问题,探讨补贴期权金和补贴农业保险费等新的政府补贴模式。研究成果可为期货、期权和农业保险在"公司+农户"模式中的应用,为促进"公司+农户"型订单农业协调发展提供新思路。

本书共分为6章,其中第1章阐述了农产品供应链风险管理及补贴机制研究现状,并界定了本专著涉及的两个重要概念。第2章研究了嵌入期货套期保值的订单农业风险管理及生产决策问题。第3章研究了嵌入期权套期保值的订单农业风险管理及权利金补贴机制设计问题。第4章综合考虑了期货和期权在订单农业风险管理中的应用。第5章建立了基于农业保险的农业生产风险管理、生产决策和最优保费补贴模型。第6章进一步考虑了质量控制模式下订单农业生产最优决策问题。

本学术专著的出版得到了湖北省社科基金一般项目(后期资助项目)的资助,在此一并表示感谢。

由于作者水平有限,不妥之处在所难免,恳请读者批评指正。

作者
2018年12月
于华中师范大学桂子山

目 录

第1章 订单农业风险管理及补贴机制相关研究评述 (1)
  1.1 "公司+农户"型订单农业的发展 (1)
  1.2 "公司+农户"型订单农业风险管理方法研究 (2)
  1.3 "公司+农户"型订单农业风险管理中政府补贴机制研究 (6)
  1.4 国内外文献述评及研究展望 (6)
  1.5 相关概念的界定 (8)

第2章 基于期货套期保值的农产品生产决策模型 (10)
  2.1 期货套期保值对生产决策的影响 (10)
  2.2 期货套期保值中基差对生产决策的影响 (11)
  2.3 数值分析 (16)
  2.4 结论 (20)

第3章 基于期权套期保值的农产品生产决策模型 (21)
  3.1 "公司+农户+政府补贴期权金"型供应链决策模型 (21)
  3.2 随机产出下"公司+农户+期权"模式的决策模型 (37)
  3.3 考虑权利金补贴的农产品供应链生产决策模型 (51)

第4章 基于期货和期权的最优生产决策模型 (59)
  4.1 基本模型 (59)
  4.2 负指数效用函数下的最优决策模型 (63)
  4.3 结论与展望 (68)

第5章　农业保险在农业生产决策中的应用研究……………………………(70)
　　5.1　基于农业保险的农产品供应链补贴机制研究　…………………(70)
　　5.2　考虑财富约束和农业保险的政府补贴机制研究　…………………(83)
第6章　考虑产品质量的订单农业供应链决策模型……………………………(96)
　　6.1　随机产出下基于质量折扣的订单农业供应链决策模型　…………(96)
　　6.2　质量分级销售模式下的订单农业决策模型……………………(107)
　　6.3　基于相对浮动价和政府补贴的订单农业………………………(119)
参考文献　………………………………………………………………………(132)

第1章 订单农业风险管理及补贴机制相关研究评述

本章主要介绍"公司+农户"型订单农业中的风险管理研究及补贴机制等相关研究,从期货、期权市场和保险的独特功能,"公司+农户"型模式的特点和订单农业高违约率问题的对策三个方面综述了期货、期权和保险在"公司+农户"模式中的应用研究。旨在为解决近年来"公司+农户"型订单农业在实践中出现的日益严重的涉农公司违约问题,以及疏通制约"公司+农户"型订单农业发展的障碍提供参考,为促进农业生产协调发展提供新思路。

1.1 "公司+农户"型订单农业的发展

我国农业改革正在推进农业规模化经营,"公司+农户"型订单农业便是规模化经营的模式之一。"公司+农户"型订单农业又称为合同农业、契约农业,是近年来出现的一种新型农业生产经营模式,农户根据其本身或其所在的乡村组织同农产品的购买者之间所签订的订单,组织农产品生产的一种农业产销模式。订单农业可以促进农业的生产、流通、销售,不仅使农户在销售环节有了保障,而且可使农业加工企业获得稳定的原材料。采用订单农业有利于解决农产品小生产与大市场的矛盾,因而受到农户和公司的欢迎。发展订单农业对调整我国农业结构、推进农业产业化进程、解决农产品销售难问题、提高农业抵御自然和市场风险的能力,具有重要意义。

"公司+农户"型订单农业能较好地适应市场需要,避免了盲目生产。Key 和 MacDonald 指出,近几十年来订单农业在发达国家及地区日益流行。在美国,超过60%的大型农场使用此种方式生产,年产值约占农产品总年产值的40%。日本、法国、比利时、加拿大和英国也通过采取订单农业发展模式提高生产效率。Wang 等发现订单农业可以减少作物产量的不确定性,促使农户和公司采用新的生产技术,并降低生产成本。Wang 等指出订单农业有助于降低供应链风险、提高农户的生产力、刺激企业的营销活动、促进农户获得更高的利润,并提高公司和农户的总利润。我国学者刘秀玲和戴蓬军也分析了供应链管理在农业产业化中应用的必要性与可行性,提出了农业产业化中应用供应链管理应遵循的原则及实施程序。在实践中,订单农业通常用"保底收购,随行就市"的价格机制来保护农户收益。蒋明和孙赵勇通过对"公司+农户"型模式的博弈分析来证明该模式的合理性。

虽然"公司+农户"型订单农业在一定程度上能保护农户的利益,但存在着公司违约率较高的问题。马九杰和徐雪高根据国内有关调查,发现在各地订单农业违约事件中,龙头企业违约的占70%。因为农户放弃了自己产品的定价权,他们很可能会被公司垄断控制。庄亚明等指出供应链本身就是一个复杂的价值链体系,其成员之间合理的价值分配问题就显得尤为重要。Fernquest认为还有一种可能是,一个运作不良的订单农业体系可能导致公司卷走大部分利益,让小农户承担所有的费用。这不利于农业供应链的协调发展。另外,如PBS English News新闻所指出的,当与大公司合作时,农户可能会遇到"不公平"合约,从而承受较大的金融负担。这说明在订单农业实施的过程中,公司和农户追求的目标及利益存在不一致性,因此在一定程度上阻碍了订单农业的发展。

1.2 "公司+农户"型订单农业风险管理方法研究

1.2.1 "公司+农户"型订单农业风险管理博弈论方法研究

针对订单农业的协调问题,国内外理论界基于博弈论中的委托代理理论、激励相容理论提出了解决办法。比如,Tregutha和Vink提出建立合同双方的信任关系是一种有效的保证合同履约率的方法。Bogetoft等提出将协调、激励以及交易成本作为订单设计时主要考虑的因素。Wu等提出了一种实验设计,以反复谈判的形式降低违约率。Khiem和Emor指出,公司和农户的利益分配是否合理是影响订单合同治理的最关键因素。陆杉通过对完全信息条件下无限次重复博弈和不完全信息条件下基于声誉机制的有限多次博弈的分析,研究影响农产品供应链成员信任机制建立与完善的因素,提出沟通与协调机制。这些文献对如何降低违约率进行了定性研究。在定量研究方面,叶飞和林强提出采用收益共享契约机制来协调供应链。但农户对于企业的真实盈利情况处于信息劣势的一方,可能会出现农户与公司信息不对称问题。他们研究了一类由农户与公司构成的"公司+农户"型订单农业经营模式下的农产品供应链,其中农户在考虑产出不确定性及订单价格的基础上确定农产品的生产量,公司拥有农产品的批发定价权,并在产出与需求双重不确定的情形下确定农产品的订单价格和零售价格。Omkar和Palsule提出了一个收入共享契约的博弈模型,其中供应链收益取决于收入共享因子。Feng 等研究了 N 级供应链契约中可靠性收入共享机制。这些研究主要解决农户和公司双方如何权衡和分配利益的问题,整条供应链处于一个零和博弈。风险和收益在农户与公司之间转移,此消彼长,需要借助外部方法的创新来化解订单农业的风险。促进订单农业协调发展是有必要的,如程新章在运营管理理论中也强调了协调问题,提出要促进订单农业的协调发展。

1.2.2 有关期货和期权套期保值在农产品供应链中应用的研究

1. 期货套期保值在农业生产中的应用

已有的博弈理论和委托代理理论主要研究农产品供应链农户与公司之间的风险共担问题,没有将供应链内部风险转移出去。要协调订单农业发展,有必要引入衍生品进行套期保值,转移订单农业内部风险。期货和期权是两种常用的风险对冲工具。关于期货套期保值的研究虽然取得了丰富的成果,但将期货套期保值应用于农产品供应链的研究不多。McKinnon 假设价格与产出独立,研究了农户利用期货套期保值问题。随后,Grant 进一步建立远期套期保值模型解决价格和产出不独立问题。Lapan 等研究了一个竞争性企业同时利用期货和期权套期保值进行生产、对冲和套利决策问题。刘岩研究了期货市场在"三农"中的"公司+农户"模式中价格发现和风险规避功能。杨芳建立引入期货交易前后的市场均衡模型,通过模型求解及数值分析考察"订单+期货"模式管理违约风险的条件。王春贤建议推动发展龙头企业控股的农村专业合作社,积极发挥农产品期货和农业保险的促进作用。其他针对期货套期保值问题的研究可以参考 Inderfurth 和 Kelle、He 和 Wang、Chen 等和 Li 等的研究。这些研究在理论上探讨了期货套期保值最优头寸问题,如期货过剩对冲、完全对冲和不足对冲的条件。但这些学者都没有考虑备用保证金和逐日盯市对保证金的限制。在解决期货套期保值逐日盯市风险方面,迟国泰等考虑了保证金对期货套期保值的影响,建立了多期套期保值动态模型。傅俊辉等考虑了规避现货价格风险和逐日盯市风险,建立了期货最优套期保值模型。廖萍康等建立了基于最小化期望机会成本的单交易日和多交易日最优备用保证金优化模型。在期货实际套期保值中,保证金账户中的备用保证金富余或不足都可能会使投资者承受机会成本。而备用保证金并不总是能够保持在所要求的水平,需要高于交易所规定的水平以作为追加保证金的准备金。过高的备用保证金束缚了资金的利用,增加了投资者的机会成本;过低的备用保证金则可能会给投资者带来损失。所以,将期货套期保值嵌入订单农业中需要考虑的一个重要因素是期货保证金的分配问题。

2. 期权套期保值在农业生产中的应用

陆克今和薛恒新将实物期权理论与信息经济学等理论结合并应用于商业银行房地产抵押贷款风险管理决策中。这说明将期权应用于风险管理是有应用价值的。大量研究(Wong、Bajo 等)表明,线性风险利用线性工具(如期货或远期)进行对冲、非线性风险利用非线性工具(如期权)进行对冲效果显著。针对期权应用于生产决策及风险管理问题的研究,Ritchken 和 Tapiero 最早在库存研究中引入期权机制以对冲产品价格和数量波动的风险。Xu 指出,在随机产出和随机需求下,采用期权合同能使供应商规避低需求和低价格的风险,使制造商规避高价格和低需求的风险。Zhao 等提出了期权和收益分享契约相结合的供应链协调机制。Luo 等研究了制造商利用实物期权契约与现货市场相结合的最优混合采购策略。其他相关研究可以参考 Spinler、Wu 和 Zhao 等的研究成果。国内也有很多学者针对期权在供应链中的应用展开研究。宁钟和林滨引入独立式期权机制与嵌入式期权机制权衡供应商与分销商之间的利益,改善供应链的效益。叶飞等提出了一种"B-S 期权定价 + 生产协作 + 保证金"的合同机制来协调订单农业供应链。孙国华和许垒研究了随机供求下的期权合同对二级农产品供应链的影响。朱海波和胡文建立了期权与数量柔性契约相结合的决策模型。这些研究都把期权作为套期保值的工具,并利用期权来协调农户和公司的利益。但他们都没有考虑购买期权、支付期权金预算、期权交易需要支付交易费用等实际约束。事实上,农产品期权在西方发达国家中,甚至是在与我国同为发展中国家的巴西、阿根廷等国家中已经出现几十年了。这些国家开发出许多农产品期权品种,积极引导农产品生产经营者运用农产品期权,保障农业生产经营收入,稳定农产品供求市场。2000 年以来,全球期权交易量不断攀升,超越了期货交易量,在 2011 年达到了交易量高峰,可见期权市场的活跃性。2010 年,全球农产品成交量的增长率高达 40.7%,仅次于外汇,而且 2012 年的农产品期权在商品期权市场交易中所占的份额高达 39.69%。陈小娜等人认为这足以证明农产品期权市场成长空间巨大。与其他一些国家相比,虽然目前我国的农产品期权仍然处于发展相对滞后的阶段,但是近年来,特别是 2015 年国内上市了第一只正式交易的期权产品以来,证监会已经明确提出有序推进农产品期权上市,上市筹备的准备工作基本上做好。因此,期权在农业生产和订单农业中的应用也将陆续实现。随着期权产品的广泛上市,利用期权对冲农业生产中的风险具有较广的研究前景。

1.2.3 考虑自然因素影响下衍生品的应用研究

以上研究虽然在生产决策中考虑了衍生品的套期保值问题,但忽略了农业生产中一个重要的外生因素,即自然因素的影响。自然因素对农业生产的影响比较大。

第1章 订单农业风险管理及补贴机制相关研究评述

众所周知,当农户遇上灾年,其实际产量比预计产量低;当遇上丰年时,产量会比预期产量有所增加。而农产品价格在一定程度上又受到产量的影响,这说明价格和实际产量都受到自然因素的影响。Musshoff 等基于随机模拟方法,采用德国东北部的农作物实际产量数据和天气数据,量化分析利用降雨指数期权所实现的对小麦产量的风险减缓效应。Markovic 等基于随机模拟方法,利用塞尔维亚 Srem 区中部农场的玉米产量数据和附近气象站的气象数据,探讨了降雨指数看跌期权的风险减缓效应问题。我国学者伏红勇考虑农业生产中的天气因素,在将期权嵌入农业生产方面开展了相关研究。伏红勇和但斌建立了由公司与农户组成的两级产品供应链利润决策模型,设计了一种与不利天气指数相关的"天气(看涨)期权 + 风险补偿 + 加盟费"的订单契约机制。因此,在"公司+农户"型订单农业中可以通过设计天气衍生品来降低天气变化对农业生产带来的影响。当然,新设计的衍生品的定价问题也是一个需要研究的方向。比如,逯贵双基于累计降雨量数据设计了看跌期权,并通过三种方法对累计降雨量看跌期权进行了定价研究。Chen 和 Yano 考虑在天气影响需求的情形下,设计一种与天气指数相关的风险补偿机制来实现不利天气影响需求的供应链协调。因此,利用衍生品对冲自然条件造成的产出和价格风险也是一个值得研究的课题。

农业保险(简称"农险")是专为农业生产者在从事种植业、林业、畜牧业和渔业生产过程中,对遭受自然灾害、意外事故、疫病、疾病等保险事故所造成的经济损失提供保障的一种保险。近年来,我国越来越重视对农业保险体系的建设。据保监会最新数据,在 2007 年到 2016 年间,我国农业保险提供风险保障从 1 126 亿元增长到 2.16 万亿元,年均增速为 38.85%。农业保险保费收入从 51.8 亿元增长到417.12 亿元,增长了约 7 倍;承保农作物从 2.3 亿亩增加到 17.21 亿亩,增长了 6 倍左右,玉米、水稻、小麦三大口粮作物承保覆盖率已超过 70%。农业保险开办区域已覆盖全国所有省份,承保农作物品种达到 211 个,基本覆盖农、林、牧、渔各个领域。目前,我国农业保险业务规模已仅次于美国,居全球第二、亚洲第一。其中,养殖业保险和森林保险业务规模居全球第一。农业保险在提高农业抗灾减灾能力、促进农户增收、维护国家粮食安全等方面正发挥着重要作用。曹武军和石洋洋针对种植业的农产品供应链因受自然风险的影响而难以协调且利润低下的问题,将期权契约和农业保险综合应用,实现农产品供应链的协调与优化。曹武军和杨雯水引入一种新型的供应链组织形式,将保险商、供应商、零售商作为三级的供应链系统,在期权契约和农业保险下,建立供应链整体及各组成成员的利润模型。余星等在政府提供农业保险的保险费补贴机制下,构建农业企业(也可简称"农企")、零售商和政府的三阶段 Stackelberg 博弈模型,给出农业企业最优生产规模、零售商最优收购价格和政府最优补贴率的显式表达式。

1.3 "公司+农户"型订单农业风险管理中政府补贴机制研究

在我国农业生产中,政府主要的补贴机制是给予种粮农户多种直接补贴等。肖国安对现行粮食直接补贴政策进行了经济学解析和现实分析,认为从粮食直接补贴政策中得利多的不是粮食生产者,而是粮食消费者;粮食直接补贴政策不能平抑粮食产量和价格波动;粮食直接补贴政策不能代替价格支持。Shang 也指出,政府的粮食直接补贴的受益人不是粮食生产者,并且政府直接补贴形式在具体实施过程中还存在骗取补贴等问题。凌六一等采用单位价格补贴的风险共担机制,分析了农产品供应链中随机产出和随机需求下,供应商和制造商采取不同的风险共担合同对农资投入、供应商、制造商及整个供应链的利润的影响。Soile 和 Mu 通过基尼系数和洛伦兹曲线分析政府人均补贴支出影响。Castiblanco 等通过模拟发现,哥伦比亚的棕榈油和生物燃料单独的补贴本身不是实现政府目标的有效工具。可见,政府给农户或涉农企业提供直接补贴不一定是最优的方法。国外除了给予农户直接补贴外,还普遍采取补贴期权金的方式保障农户利益。比如,美国政府给予期权参与补贴支持政策,以此鼓励农场主进入期权市场。墨西哥政府设立棉花价格支持计划,对棉花实施农产品期权项目,充当生产商与美国经纪人之间的中介机构,并补助部分权利金。加拿大农业和食品部开展活牛期权试验计划(COPP),以此替代传统的农业收入支持计划。除此之外,若农户或公司利用期货套期保值,则其面临逐日盯市追加保证金的风险,政府也可以以提供期货保证金补贴的形式代替直接补贴,并且通过设计合适的补贴率提高"公司+农户"型订单农业的履约率。

1.4 国内外文献述评及研究展望

对国内外有关"公司+农户"型订单农业协调发展的文献进行总结发现,国内外学术界对农业订单的设计大部分基于博弈论视角,没有将订单链整体风险进行有效转移。风险在农户与公司之间此涨彼消。政府通过给公司或农户提供补贴促进订单农业的协调发展,但是直接补贴又带来骗保等实际问题。因此,有必要在现实约束条件下同时考虑期货和期权套期保值问题。同时,还可以提出新的政府补贴形式,将政府直接补贴转变为期权金或期货保证金间接补贴,借助政府补贴的利益驱动进一步协调订单农业的发展。具体体现在如下方面:

第1章 订单农业风险管理及补贴机制相关研究评述

第一，可以进一步丰富供应链理论内涵。目前，关于农产品供应链协调机制设计的相关研究中，许多学者引入博弈论、委托代理理论探讨农产品供应链的利益分配问题，较少有学者从衍生品套期保值视角系统地研究农产品供应链风险管理问题。比如，有一些文献研究期货套期保值转移订单农业风险问题，另外一些文献研究期权套期保值在订单农业中的应用问题。已有的文献研究表明，期货用于对冲线性风险的效果优于期权，而期权对冲非线性风险的表现又优于期货。而在农业实际生产中，线性风险和非线性风险一般是并存的。那么，将期货和期权同时应用于"公司＋农户"型订单农业中，效果是否比利用单个期货或期权衍生品套期保值的效果更优呢？将套期保值理论引入订单农业中，利用期货和期权两种常用衍生品套期保值转移"公司＋农户"型订单农业内部风险是一个值得探讨的问题。另外，期货套期保值中的基差风险控制问题、保证金预留问题和期权套期保值中购买期权的预算问题等都是在订单农业中嵌入衍生品套期保值后需要考虑的隐性条件。基于这些约束条件，如何构建更现实的订单农业风险管理策略是一个需要深入研究的问题。

第二，可以将衍生品套期保值、保险等与订单农业相结合，降低"公司＋农户"型订单农业违约率。将期货和期权应用到订单农业中，除了场内交易期货和期权，还可以设计其他类型的场外交易期货和期权的合约。这一方面可以发挥套期保值作用，转移订单链整体奉献，从而减少公司和农户的风险承担额度；另一方面，通过设计农户和公司合理的期货保证金承担机制，约束农户和公司可能的违约行为。这样可以为解决供应链信用风险等问题提供借鉴。因此，如何设计期货保证金和期权成本分担机制，增强订单合约的执行力，降低农户和公司双方违约率，是一个需要进一步解决的优化决策问题。

第三，"公司＋农户"型订单农业中政府补贴机制创新研究。除了买入或卖出期货套期保值外，买入期权套期保值也是规避风险的一种有效措施。但买入期权需要支付期权金成本，一般而言，无论是农户还是公司都不大愿意在已有生产成本的基础上二次支付购买期权的期权金成本。此时，政府可以发挥协调作用，通过给期权购买者提供部分期权金补贴，激励公司或农户通过购买期权套期保值转移风险。同时，还可以监督订单合约的有效执行。在"公司＋农户"型订单农业中如何充分发挥政府的协调作用也是一个比较有意义的研究方向。

第四，订单农业中涉农企业的融资风险管理问题也间接地影响着订单农业能否顺利推进。未来的一个研究方向是在分析涉农中小企业融资难等突出问题根源和制约供应链金融发展的风险管理瓶颈的基础上，厘清供应链金融的风险来源、构成、特征及传导机理。结合金融衍生工具的特点，论证将衍生工具嵌入供应链金融风险管理中的可行性，找到金融衍生工具与供应链金融运作流程的合理切入点，在传统模式的基础上设计融入衍生工具的新模式的基本思路。

本书将就以上问题开展相关研究。针对如何借助期货、期权和保险等衍生工具弥补订单农业的缺陷,将"公司+农户"订单农业系统内的风险向系统外转移,从而降低订单农业链的整体风险;如何充分发挥政府的协调和宏观调控作用,设计新的补贴机制激励公司履约等方面进行研究,这对促进订单农业的顺利实施具有重要的理论和实际意义。

1.5 相关概念的界定

1.5.1 金融衍生品的界定

根据2015年3月13日新华网对2015《政府工作报告》缩略词注释的界定:金融衍生品是指一种金融合约,其价值取决于一种或多种基础资产或指数,合约的基本种类包括远期、期货、掉期(互换)和期权。金融衍生品还包括具有远期、期货、掉期(互换)和期权中一种或多种特征的混合金融工具。显然,期货和期权属于金融衍生品所定义的范畴。而保险本质上具备期权特征,也是通过支付一定的权利金获取某种权利。

期货(futures)与现货完全不同,现货是实实在在可以交易的货(商品),期货不是货,而是以某种大众产品如棉花、大豆、石油等及金融资产如股票、债券等为标的的标准化可交易合约。因此,期货的标的可以是某种商品(如黄金、原油、农产品),也可以是金融工具。期货的两大功能包括价值发现和套期保值。其中,价值发现是指期货的价格变动取决于标的变量的价格变动,期货的价格发现功能有利于使标的价格更加符合价值规律,有利于促进价格波动收敛、发现真实价格和形成权威价格功能。套期保值是指在现货市场和期货市场对同一种类的商品同时进行数量相等但方向相反的买卖活动,即在买进或卖出实货的同时,在期货市场上卖出或买进同等数量的期货。经过一段时间,当价格变动使现货买卖上出现盈亏时,可由期货交易上的亏盈进行抵消或弥补,从而在"现"与"期"之间、近期和远期之间建立一种对冲机制,以使价格风险降低到最低限度。

期权又称为选择权,也是一种衍生性金融工具,是指买方向卖方支付期权费(指权利金)后拥有的在未来一段时间内(指美式期权)或未来某一特定日期(指欧式期权)以事先规定好的价格(指履约价格)向卖方购买或出售一定数量的特定商品的权利,但不负有必须买进或卖出的义务(即期权买方拥有选择是否行使买入或卖出的权利,而期权卖方必须无条件服从买方的选择并履行成交时的承诺)。期权套期

第1章 订单农业风险管理及补贴机制相关研究评述

保值指为了配合期货或者现货的头寸,用建立的期权部位的收益,弥补期货或现货可能出现的损失,以达到锁定价格变动风险的目的。

保险是现代金融的重要支柱之一,是吸收、管理和控制风险的行业。保险和期权都是风险管理的有效方法。购买者需要支付权利金;合约条款发生时,都是购买者的权利,而非义务。近年来,我国越来越重视对农业保险体系的建设。根据保监会数据显示,截至2016年底,我国农业保险提供的风险保障金额达到2.2万亿元,比10年前增长了约20倍,引导农户用"保险"规避农业风险取得了显著性成效。

因此,本书中界定的金融衍生品主要包括期货、期权和保险三种。

1.5.2 农业生产中政府补贴机制

农业补贴是指一国政府对本国农业支持与保护政策体系中最主要、最常用的政策工具,是政府对农业生产、流通和贸易进行的转移支付。农业补贴也是"三农"政策的重要组成部分,当前的农业补贴主要有粮食直补、良种和农机补贴、农资综合直接补贴等。实践证明,这些惠农政策起到了促进粮食增产和农户增收的效果。但是现行的补贴政策仍存在一些问题,如补贴的资金总量不足、补贴范围小、补贴结构不尽合理、资金分散降低激励效果等。为充分发挥农业补贴政策的导向和支持作用,有必要进一步完善我国农业补贴政策体系。随着期货和期权市场的完善,越来越多的农户(农场主)或涉农企业将利用金融衍生品转移风险。政府可以结合金融衍生品的特点提供间接补贴,如提供期货保证金补贴和期权金补贴等,从而更好地推动金融市场的全面发展和支持"三农"发展。此外,随着农业保险的发展,我国政府对"三农"的直接补贴形式也在悄然发生变化。农业直补改为保险间接补贴的改革已将种植业保险推上一个新的发展阶段。2016年12月19日,财政部印发了《中央财政农业保险保险费补贴管理办法》,指出通过保险费补贴等政策支持,鼓励和引导农户、农业生产经营组织投保农业保险,推动农业保险市场化发展,增强农业抗风险能力。

本书中界定的政府新的补贴方式主要包括期货保证金、期权金和保费补贴三种方式。

第 2 章 基于期货套期保值的农产品生产决策模型

本章先介绍期货市场不存在基差时,农户的最优生产决策问题。通过研究发现,期货套期保值不仅可以对冲风险,还可以提高农户生产量。然后,分别在基差不存在和存在两种情形下,考虑自然因素对农产品生产的影响,建立期货套期保值模型解决风险厌恶型农户最优生产决策问题,进一步分析基差对生产决策的影响。理论研究结果表明:当不考虑自然因素影响时,若农户利用无基差期货套期保值,其最优产量的边际成本等于期货当前价,且最优期货头寸为完全对冲;若考虑自然因素的影响,最优生产量满足其对应的边际成本小于期货当前值、最优期货头寸小于最优预计产出(不足对冲);在兼顾自然因素影响和基差时,最优生产量满足其对应的边际成本小于现货价格的平均值。对谨慎型农户而言,若现货与期货价格呈线性函数关系且当系数小于 1 时,最优期货头寸也为不足对冲。假设价格与自然状态有关,在基差存在的情形下以负指数效用函数为例进行实证分析,推导出农户效用函数的显式表达式,并分析决策变量对效用函数的影响。实证研究结果表明:利用期货套期保值有利于提高农户效用,但建议农户不能盲目地增大期货头寸,应适当选择基差波动率较小的期货进行套期保值。

2.1 期货套期保值对生产决策的影响

早在 1971 年,Agnar Sandmo 在模型中严格证明了风险厌恶型厂商在面对不确定性价格时会减少自己的产量。他提出的模型如下:假设生产者是风险厌恶型的,效用函数满足 $U'(\pi)>0, U''(\pi)<0$,其中 $\pi(x) = px - C(x)$,x 为产量,p 是产出价格,$C(x)$ 为生产成本,满足 $C'(x)>0, C''(x)>0$。假设价格均值为 μ,方差为 σ^2。

情形一:确定产出价格情形,即 $p = \mu$,则效用函数 $U(\pi)$ 对 x 求导有

$$U'(\pi)[p - C'(x)] = 0$$

又 $U'(\pi)>0$,则有 $p - C'(x) = 0 \to C'(x_1) = p$。

情形二:不确定价格情形下,有

$$U'(\pi)[p - C'(x_2)] = 0$$

所以

$$\text{cov}[U'(\pi), p - C'(x_2)] + EU'(\pi)E[p - C'(x_2)] = 0$$

因此，$C'(x_2) < C'(x_1)$。又由成本函数的单调性有 $x_2 < x_1$。由此可以看出，当价格不确定时，风险厌恶的厂商会减少产量以应对不确定性风险。

情形三：当存在期货市场时，Holthausen 在价格不确定情形下再次研究生产者最优决策问题。

假设当前期货价格为 b，未来期货价格为 f，现货价格为 p，决策变量为生产量 x，期货头寸为 h，使之满足优化问题，有

$$\max_{x,h} EU(\pi) = \max_{x,h} EU[px - C(x) + (b-f)h]$$

分别对 x 和 h 求导有

$$EU'(\pi)[p - C'(x)] = 0$$
$$EU'(\pi)(b - f) = 0$$

假设无基差，即 $f = p$。将两式相加，有

$$EU'(\pi)[b - C'(x_3)] = 0$$

若期货市场无偏，则有 $Ep = b = \mu$，从而有 $x_1 = x_3$。

综上，加入期货的产出相当于价格确定时的产出，这说明期货把风险都对冲掉了，即期货等衍生工具的引入，可以提高厂商的产量。并且，期货市场能够通过市场风险转移弥补现货市场的不足，优化市场资源配置。

Lapan、Moschini 和 Hansom（LMH）提出经典的生产决策模型，它将 Sandmo 的效用函数模型推广到期权和期货都存在的情况下分析厂商的生产、对冲和套利等决策。他们假设期权和期货市场都是无偏的，现货价格是期货价格的线性函数时，期权无用武之地。LMH 结论成立的一个重要前提是将价格分成由期末期货引起的变化和不可对冲的基差风险两部分。由于可分散风险与期货价格呈线性函数关系，因此线性的对冲工具期货就比非线性的对冲工具有优势。以上研究中假设期货市场不存在基差，而事实上基差的存在性是客观的。一个新的问题是：如果考虑期货基差的影响，农户的生产决策如何变化？

2.2 期货套期保值中基差对生产决策的影响

为了便于表达，本节称农户个体或者由农户组成的合作社都为"农户"。在本节中，首先假设农户是风险厌恶型的，建立期货套期保值模型研究在期货价格无基差

情形下的最优生产问题。然后,证明模型解的唯一性和存在性,给出最优预期生产量和期货头寸满足的条件。为此,先给出本节的假设条件。

2.2.1 基本假设与符号说明

假设1 假设期货交割日即为农产品收获之时,记 $\tilde{p}$ 为收获时农产品的市场收购价格,$\tilde{f}$ 为对应的期货交割价。

假设2 假设期货市场是无偏的(期货交割日随机价格的期望等于当前值),即 $E(\tilde{f}) = f_0$;若期货价格不存在基差,则交割日时现货价格等于期货价格,即 $\tilde{p} = \tilde{f}$。假设期货合约可以无限可分地交易。

假设3 在期货套期保值中需要预留充足的保证金,否则会存在逐日盯市风险。假设农户的期货保证金充足。事实上,可以通过政府垫资方式消除农户保证金不足的顾虑。本节不考虑期货交易手续费。

假设4 假设农户是风险厌恶型的,则其效用函数满足 $U'(\pi) > 0, U''(\pi) < 0$,其中 π 表示农户的随机收益。为了规避需求风险,假定农户已与公司签订产销合约,合约规定公司以市场价收购农户的全部产出,并且具体预计产出量由农户确定。

假设5 农户在生产开始时,预计产量为 q,根据预计产量决定投入生产成本。农户的生产成本与预计产量有关,且满足 $C'(q) > 0, C''(q) > 0$。类似于叶飞等(2012),假设生产成本可写为 $C(q) = c_0 + c_1 q + c_2 q^2$,其中 c_0 为固定成本,即不生产也要支付的费用,如农户的日常消费、农具等;$c_1 q > 0$ 为种植农产品的投入成本,如种子、化肥、农药等;$c_2 > 0$ 为农户的努力成本系数,$c_2 q^2 > 0$ 表示农户生产农产品的努力成本,包括生产所花费的时间、精力等。

假设6 自然随机因素 $\tilde{s}$ 表示天气对单位预计产出的影响。$\tilde{s} < 0$ 表示遭遇不利自然条件导致实际产出比预计产出低;$\tilde{s} > 0$ 表示有利自然条件使实际产出比预计产出高;$\tilde{s} = 0$ 表示自然条件影响不大,实际产出与预计产出相当。从而,农户实际收获的产量等于 $(1 + s)q$。最极端自然条件下农户颗粒无收,因此,$\tilde{s} > -1$。假设农户即使遇上丰年,其实际收获最多比预计产出翻倍,也就是 $\tilde{s} < 1$,且假设 $E(\tilde{s}) = 0$。

2.2.2 基本模型

农户在生产之初需要确定最优预计产出量 q_0^*,并根据预计产出做好生产准备,同时在期货市场上卖出与农产品对应的期货。记期货头寸为 X_0,在基本模型中不考

第2章 基于期货套期保值的农产品生产决策模型

虑自然因素的影响,在期货价格无基差的条件下基于以上假设,在生产结束时农户的随机收益函数为

$$\pi_0 = q_0 \tilde{p} - C(q_0) + (f_0 - \tilde{f}) X_0 \tag{2.1}$$

农户的最优决策问题描述为

$$\max_{q_0, X_0} EU(\pi_0) \tag{P_0}$$

因为农户是风险厌恶型的,其效用函数满足 $U'(\pi) > 0, U''(\pi) < 0$,所以农户的最优决策是唯一存在的。在最大化期望效用函数的目标下,其对应的一阶条件分别表示成

$$EU'(\pi_0^*)[\tilde{p} - C'(q_0^*)] = 0 \tag{2.2}$$

$$EU'(\pi_0^*)(f_0 - \tilde{f}) = 0 \tag{2.3}$$

将(2.2)式与(2.3)式相加得到 $EU'(\pi_0^*)[f_0 - C'(q_0^*)] = 0$,可得

$$C'(q_0^*) = f_0 \tag{2.4}$$

再根据成本函数可得最优生产决策 $q_0^* = \dfrac{f_0 - \alpha_1}{2\alpha_2}$。进一步地,由(2.3)式和期货市场无偏有

$$\mathrm{cov}[U'(\pi_0^*), \tilde{f}] = 0$$

可得

$$EU''(\pi_0^*)(q_0^* - X_0^*) = 0$$

即 $X_0^* = q_0^*$,也就是最优期货头寸为完全对冲。

基于以上分析不难发现,当产出不受自然因素影响且期货价格无基差时,农户的最优生产决策与其风险厌恶程度无关。最优决策对于风险厌恶型的农户而言具有一般成立性。一般而言,农业生产受到自然因素的影响较大,以下进一步研究考虑自然因素的条件下农户的最优生产决策问题。

2.2.3 不存在基差的最优生产决策模型

考虑如假设6所示的自然因素的影响,并且假设自然条件与农产品价格无关,在期货价格无基差的情形下记生产量为 q_1,期货头寸为 X_1,那么生产结束时农户的随机收益函数为

$$\pi_1 = (1 + \tilde{s}) q_1 \tilde{p} - C(q_1) + (f_0 - \tilde{f}) X_1 \tag{2.5}$$

农户的最优决策问题描述如下

$$\max_{q_1,X_1} EU(\pi_1) \qquad (P_1)$$

命题1 若风险厌恶型农户利用无偏的农产品期货套期保值以对冲价格风险，且期货价格不存在基差时，则有农户最优生产量 $q_1^* < \dfrac{f_0 - c_1}{2c_2}$。进一步地，当农户为谨慎型时，最优期货头寸为不足对冲，即 $X_1^* < q_1^*$。

证明 模型 (P_1) 的一阶条件如下

$$EU'(\pi_1^*)[(1+\tilde{s})\tilde{p} - C'(q_1^*)] = 0 \qquad (2.6)$$

$$EU'(\pi^*)(f_0 - \tilde{f}) = 0 \qquad (2.7)$$

将(2.6)式与(2.7)式相加，并由期货价格无基差和 $\tilde{s}$ 零均值的假设可得

$$E[U'(\pi_1^*)\tilde{s}\tilde{p}] = \text{cov}[U'(\pi_1^*)\tilde{p},\tilde{s}] \qquad (2.8)$$

根据协方差的定义有

$$E[U'(\pi_1^*)\tilde{s}\tilde{p}] + EU'(\pi_1^*)[f_0 - C'(q_1)] = 0 \qquad (2.9)$$

因此，$E[U'(\pi_1^*)\tilde{s}\tilde{p}]$ 与 $\dfrac{\partial E[U'(\pi_1)|\tilde{s}=s]}{\partial s}\Big|_{q_1=q_1^*,X_1=X_1^*}$ 同号。又因为

$$\frac{\partial E[U'(\pi_1)|\tilde{s}=s]}{\partial s}\Big|_{q_1=q_1^*,X_1=X_1^*} = E[U''(\pi_1^*)q_1^*\tilde{p}^2]$$

基于不等式 $U''(\pi_1) < 0$，可知 $\dfrac{\partial E[U'(\pi_1)|\tilde{s}=s]}{\partial s}\Big|_{q_1=q_1^*,X_1=X_1^*}$ 符号为负。

于是 $E[U'(\pi_1^*)\tilde{s}\tilde{p}]$ 符号为正。再根据(2.8)式和 $U'(\pi_1) > 0$ 可以得到

$$C'(q_1^*) < f_0 \qquad (2.10)$$

由(2.10)式和成本函数可以确定农户的最优生产决策 $q_0^* < \dfrac{f_0 - c_1}{2c_2}$。通过与基础模型的结论相比较可以看出，由于考虑了自然因素对实际产出的影响，农户会减少预计生产量。因此，若生产的农产品产量受天气影响较大，则建议农户适当减少生产规模。

记 X_1^* 表示期货的最优头寸，由最优条件有

$$\frac{\partial EU(\pi_1)}{\partial X_1}\Big|_{X_1=X_1^*} = 0 \qquad (2.11)$$

期望效用在最优产量处的导函数为

第 2 章 基于期货套期保值的农产品生产决策模型

$$\left.\frac{\partial EU(\pi)}{\partial X_1}\right|_{X_1=q_1^*} = E[U'(\pi_1^\triangle)(f_0-\tilde{f})]$$

由期货市场的无偏性可得

$$\left.\frac{\partial EU(\pi_1)}{\partial X_1}\right|_{X_1=q_1^*} = -\text{cov}[U'(\pi_1^\triangle),\tilde{f}]$$

其中,$\pi_1^\triangle = \tilde{s}\tilde{q}_1^*\tilde{p} - C'(q_1^*) + f_0 q_1^*$。

因为

$$\frac{\partial E[U(\pi_1^\triangle)|\tilde{f}=f]}{\partial f} = E[U''(\pi_1^\triangle)\tilde{s}q_1^*] = q_1^*\text{cov}[U''(\pi_1^\triangle,\tilde{s})]$$

又因为 $\text{cov}[U''(\pi_1^\triangle),\tilde{s}]$ 与 $E[U'''(\pi_1^\triangle)q_1\tilde{p}]$ 同号,且农户是谨慎型的,所以

$$E[U'''(\pi_1^\triangle)q\tilde{p}] > 0$$

从而有

$$\left.\frac{\partial EU(\pi_1)}{\partial X_1}\right|_{X_1=q_1^*} < 0$$

再根据效用函数的凹性得出 $X_1^* < q_1^*$,即农户选择的最优期货头寸是不足对冲的。通过与基础模型对比,也建议生产的产品受天气影响较大的农户减少期货头寸。

2.2.4 期货价格存在基差情形下最优生产决策模型

一般而言,期货价格虽然与现货价格走势相同,但仍存在基差。根据 Benninga,假设现货价格与期货价格呈如下线性关系

$$\tilde{p} = \alpha + \beta\tilde{f} + \theta \tag{2.12}$$

其中,$\theta \sim N(0,\sigma^2)$。

命题 2 若风险厌恶型农户利用无偏的农产品期货套期保值对冲价格风险,当现货与期货价格关系满足(2.12)式时,农户最优生产量 $q_2^* < \frac{\alpha+\beta f_0 - c_1}{2c_2}$;当农户为谨慎型且 $\beta < 1$ 时,最优期货头寸为过剩对冲,即 $X_2^* < q_2^*$。

证明 根据(2.5)式和(2.12)式,农户收益函数可表示成

$$\pi_2 = (1+\tilde{s})q_2(\alpha+\beta\tilde{f}+\theta) - C(q_2) + (f_0-\tilde{f})X_2 \tag{2.13}$$

则目标函数对应的一阶条件为

$$EU'(\pi_2^*)[(1+\tilde{s})(\alpha+\beta\tilde{f}+\theta) - C'(q_2^*)] = 0 \tag{2.14}$$

$$EU'(\pi_2^*)(f_0-\tilde{f}) = 0 \tag{2.15}$$

将(2.14)式与(2.15)式相加得到

$$[\alpha + \beta f_0 + C'(q_2)]EU'(\pi_2) + EU'(\pi_2\theta) + E[U'(\pi_2)(\alpha+\beta\tilde{f}+\theta)\tilde{s}] = 0 \tag{2.16}$$

由于 $EU''(\pi_2)<0$，又因为(2.16)式第二项的符号与 $EU''(\pi_2)$ 同号，所以
$$EU'(\pi_2\theta)<0$$

同理，(2.16)式第三项的符号与 $EU''(\pi_2)q_2(\alpha+\beta\tilde{f}+\theta)^2<0$ 同号，从而有
$$E[U'(\pi_1)(\alpha+\beta\tilde{f}+\theta)\tilde{s}]<0$$

根据效用函数的凹性及(2.16)式可得
$$C'(q_2^*) < \alpha + \beta f_0 \tag{2.17}$$

由(2.12)式有 $\bar{p} = \alpha + \beta\bar{f}$，又因为期货市场无偏，则 $\bar{p} = \alpha + \beta f_0$。于是，$C'(q_2^*) < \bar{p}$。将成本函数表达式代入(2.17)式即可得到农户最优生产决策满足 $q_2^* < \dfrac{\alpha+\beta f_0 - c_1}{2c_2}$。

与命题1的证明类似，一方面在期货最优头寸处 $\left.\dfrac{\partial EU(\pi_2)}{\partial X_2}\right|_{X_2=X_2^*}=0$，另一方面则有

$$\left.\dfrac{\partial EU(\pi_2)}{\partial X_2}\right|_{X_2=q_2^*} = -\mathrm{cov}[U'(\pi_2^\Delta), \tilde{f}] \tag{2.18}$$

其中，$\pi_2^\Delta = [(1+\tilde{s})(\alpha+\beta\tilde{f}+\theta)+f_0-\tilde{f}]q_2^* - C(q_2^*)$。

因为 $\mathrm{cov}[U'(\pi_2^\Delta),\tilde{f}]$ 与
$$\dfrac{\partial E[U'(\pi_2^\Delta)|\tilde{f}=f]}{\partial f} = EU''(\pi_2^\Delta)(\beta-1)q_2^* + EU''(\pi_2^\Delta)\tilde{s}$$

同号，又当农户是谨慎型时，$EU''(\pi_2^\Delta)\tilde{s}$ 与 $EU'''(\pi_2^\Delta)q_2^*(\alpha+\beta\tilde{f}+\theta)>0$ 同号。所以，当 $\beta<1$ 时，$\left.\dfrac{\partial EU(\pi_2)}{\partial X_2}\right|_{X_1=q_2^*}<0$。从而，根据效用函数的凹性可得 $X_2^* < q_2^*$，即期货最优头寸也为不足对冲。对比命题1和命题2可以看出，由于存在自然因素对实际产出和期货价格基差的影响，农户可以通过减少期货头寸以应对风险。

2.3 数值分析

假设农户效用函数为负指数效用函数，即 $U(\pi) = -e^{-\lambda\pi}(\lambda>0)$，其中 λ 为农户的风险厌恶系数，λ 越大表示农户越厌恶风险。一般情况下，自然因素影响农产品的实际产出，而农产品的产出又间接地影响价格。当产出减少时，其对应的价格

第2章 基于期货套期保值的农产品生产决策模型

一般会增大;反之,农产品价格会有所降低。在本节中,假设自然因素取三种状态:$\tilde{s} = \frac{1}{a}, 0, \frac{1}{b}$,其中 $a < -1, b > 1$。$\tilde{s} = \frac{1}{a}$ 表示农户遭遇不利天气影响,其实际产出为预计产出的 $\frac{1}{a}$,且假设不利天气发生的概率为 p_1;类似地,$\tilde{s} = \frac{1}{b}$ 表示有利自然因素使实际产出比预计产出增加 $\frac{1}{b}$ 倍,其发生概率记为 p_2;$\tilde{s} = 0$ 表示自然因素对实际产出影响不大,其发生概率记为 $1 - p_1 - p_2$。考虑到价格间接地受自然因素的影响,假设当 $\tilde{s} = 0$ 时,农产品价格 $\tilde{p} = \bar{p}$;当 $\tilde{s} = \frac{1}{a}$ 时,农产品价格 $\tilde{p} = (1 - \frac{1}{a})\bar{p}$;当 $\tilde{s} = \frac{1}{b}$ 时,农产品期货价格 $\tilde{p} = (1 - \frac{1}{b})\bar{p}$。将以上关系式代入(2.13)式并求期望,得到农户的期望效用为

$$EU(\pi_2) = \exp\left\{-\lambda\left[(f_0 + \frac{\alpha}{\beta})X - C(q)\right] + \frac{\lambda^2 X^2 \sigma^2}{2\beta^2}\right\} \cdot$$

$$\{p_1 \exp(-\lambda((1+\frac{1}{a})q - \frac{X}{\beta})(1-\frac{1}{a})\bar{p}) + (1 - p_1 - p_2)\exp(-\lambda(q - \frac{X}{\beta})\bar{p}) +$$

$$p_1 \exp(-\lambda((1+\frac{1}{b})q - \frac{X}{\beta})(1-\frac{1}{b})\bar{p})\} \tag{2.19}$$

为了分析参数对目标函数的影响,取如下一组参数:$\bar{p} = f_0 = 6, \sigma = 1, p_1 = p_2 = \frac{1}{3}, a = -2, b = 2, \alpha = 1, \beta = \frac{5}{6}$,将这些参数代入(2.19)式,得到农户效用函数与期货头寸和生产量的关系,如图 2.1 所示。

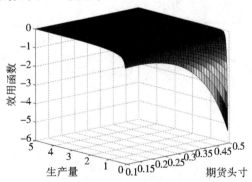

图 2.1 效用函数与决策变量的关系

为了更清楚地分析效用函数与每个决策变量的关系,图 2.2 和图 2.3 分别描述了期货头寸和生产量对效用函数的影响。

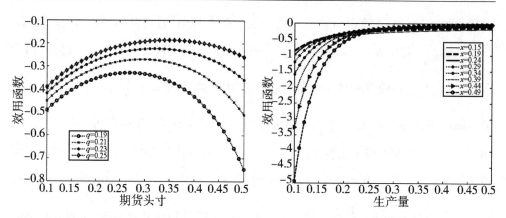

图 2.2　效用函数与期货头寸之间的关系　　图 2.3　效用函数与生产量之间的关系

从图 2.1～2.3 不难发现,随着农户预计生产量的增加,其效用函数增加;而随着期货头寸的增加,农户的效用函数先增加后减少。从图 2.3 可以看出,当预计产量较小时,期货头寸不宜取得太大。这与命题 1 中期货头寸是不足对冲的结论是一致的。当预计产量增大时,期货头寸越大,其效用函数越大,但差距不显著。也就是说,虽然期货套期保值对于提高农户效用有利,但建议农户可以根据自身的生产能力适当地扩大生产规模,而不能盲目地增大期货头寸。

图 2.4 给出了不同风险厌恶系数的农户通过期货套期保值获得的最大效用函数。一般而言,对于同一品种的农产品,其对应的期货与现货价格存在基差。若与农产品对应的期货品种不存在,农户往往可以选择交叉期货进行对冲,而交叉期货的基差可能会更大。为此,以风险厌恶系数为 2 的农户为例分析基差波动率对农户最大效用函数的影响,如图 2.5 所示。

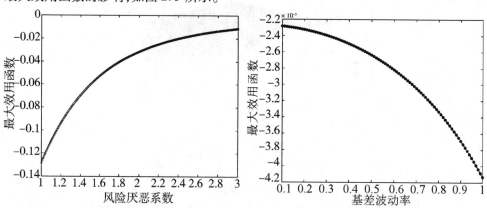

图 2.4　最大效用函数与风险厌恶系数的关系　　图 2.5　最大效用函数与基差波动率的关系

第2章 基于期货套期保值的农产品生产决策模型

从图2.4可以看出,随着农户风险厌恶系数的增加,其最大效用函数增加。这说明对风险厌恶系数越大的农户而言,利用期货套期保值越是有利的。从图2.5发现,随着基差波动率增大,农户的最大效用函数减少,也就是说,利用期货套期保值基差波动率不利于提高农户的效用。因此,建议农户尽量选择基差波动率较小的期货进行套期保值。

自然条件(如天气等)对农业生产影响较大,图2.6~2.8分别给出了好、坏和正常三种不同天气概率下农户的最大效用函数。

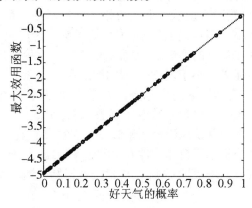

图2.6 最大效用函数与好天气的概率

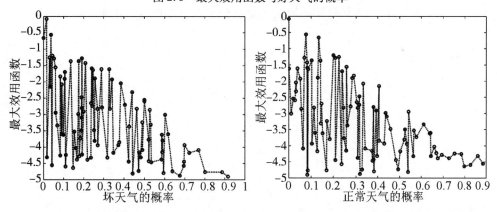

图2.7 最大效用函数与坏天气的概率　　图2.8 最大效用函数与正常天气的概率

从图2.6~2.8可以看出,农户最大效用函数受好、坏和正常天气发生概率的影响。其中,好天气的概率越大,农户最大效用函数越大。坏天气和正常天气发生的概率虽然与最大效用函数的关系不确定,但通过观察极端情况可以发现,当坏天气或正常天气发生的概率非常小(接近0)时,农户的最大效用函数比较大;而概率非常大(接近1)时,农户的最大效用函数比较小,也就是说,较高坏天气或正常天气发生概率不利于提高农户的最大效用函数。

2.4 结论

本章主要针对风险厌恶型农户风险管理问题,提出了三种不同情形下的最优生产决策和期货套期保值方法。理论研究结果表明:在无自然因素影响且期货价格无基差的情形下,农户最优生产量对应的边际成本等于期货当前价格,最优期货头寸为完全对冲;在考虑自然因素影响且期货价格不存在基差的情形下,农户的最优生产量对应的边际成本小于期货当前价格,最优期货头寸为不足对冲;在考虑自然因素影响且期货价格存在基差的情形下,若现货价格与期货价格系数小于1,则农户的最优生产量对应的边际成本小于现货的平均价格,最优期货头寸仍为不足对冲。通过对比研究发现,由于自然因素对实际产出有影响,因此农户往往通过减少预计产量和期货头寸以应对风险。以负指数效用函数为例,实证分析结果表明,利用期货套期保值可以提高农户特别是风险厌恶系数较大的农户的效用,基差波动率不利于期货套期保值。通过分析不同自然条件发生的概率发现,好天气有利于提高农户效用。建议农户不能盲目地增大期货头寸,应适当选择基差波动率较小的期货进行套期保值。

在本章的研究中,假设农户期货保证金预留资金充足,从而可以规避逐日盯市风险。未来的一个研究方向是分析保证金机会成本对农户生产决策产生的影响。

第3章 基于期权套期保值的农产品生产决策模型

3.1 "公司+农户+政府补贴期权金"型供应链决策模型

本章考虑政府补贴期权金,建立公司期权套期保值模型,研究了一类"公司+农户+政府补贴期权金"型农产品供应链协调机制的设计问题。对比分析了公司随行收购与保底收购并享受期权补贴两种机制下的最优决策行为。研究结果表明,政府通过鼓励公司参与期权套期保值并补贴公司期权金的机制,不仅可以降低公司违约率,还可以提高农户和公司的收益,实现"公司+农户"型订单农业供应链的完美协调。通过数值分析进一步讨论了"公司+农户+政府补贴期权金"机制下公司决策与利润及政府决策关于参数的演化过程,并给公司确定订货量和订单价格提供建议,给政府指导公司选择期权和设计期权补贴机制提供参考。

3.1.1 引言

订单农业,又称为合同农业或契约农业(contract-farming),是指农户在农业生产经营过程中与公司或中介组织签订具有法律效力的产销合同,由此来确定双方的权利和义务关系,农户根据合同组织生产,公司或中介组织按合同收购农户生产的产品的农业经营模式。发展订单农业不仅可以有效地解决农产品难卖的问题,减小市场的不确定风险,还可以有效地减少流通环节,降低农产品的生产成本。订单农业的形式多样,比如,在实践中通常用"保底收购,随行就市"的价格机制以保护农户收益。对农户而言,这也是最直接、最容易接受的一种契约机制。实行保底价格收购不但可以帮助农户减少自身所面临的二级市场批发价格波动风险,让农户专心于生产,还可以帮助公司降低交易成本,使得整条供应链更加稳定。长期来看,这对订单农业市场的发展有着正向促进作用。但这种模式的缺陷主要表现为公司高违约率。

特别是在原产品的市场价格低于保底收购价格时,公司可能更倾向于违约而直接在市场中以随行就市的价格收购。针对订单农业中的违约问题,国内外理论界也提出了一些解决办法。比如,Bogetoft 提出将协调、激励以及交易成本作为设计订单的元素。Tregurtha 和 Vink 提出建立合同双方的信任关系是一种有效的保证合同履约率的方法。林强和叶飞引入一种基于 Nash 协商的收益共享契约机制来协调公司与农户之间的利益。因此,有必要引入衍生品进行套期保值,转移供应链内部风险。

期权是规避风险的有效工具之一,将期权引入供应链契约可以降低客户需求不确定性对供应链造成的冲击。因此,如何利用期权来协调供应链各成员的利益已成为广大学者关注的热点问题。随着供应链研究的发展,期权则因其弹性被越来越多的学者所青睐,进而被应用到供应链的研究中。

对于专业基础知识薄弱的农户而言,供应链契约越简单越容易被接受。显而易见,传统的"保底收购,随行就市"价格机制下的农户的利润不比自由买卖模式下的利润低,保护价合作机制有利于保障农户的利益,农户的积极性较高。与此同时,公司很有可能产生违约的机会主义行为。因此,在"保底收购,随行就市"的价格机制下,不需要考虑农户违约行为,只需要降低公司的违约率。本节提出"公司+农户+政府补贴期权金"型农产品供应链协调机制。这种机制的协调性体现在从农户角度来看,"保底收购,随行就市"的价格让其安心地按照公司的指导开展生产;从公司角度来看,在满足预算的条件下,确定订购量和保底收购价格,以期期望利润最大化;从政府角度来看,指导公司购买合适的期权,在保证公司不违约的条件下,尽可能地使补贴率达到最低。本节主要解决了农户、公司和政府利益协调问题,通过引入期权使整条供应链更加稳定。

3.1.2 模型的构建

以一条由单个农户和单个公司构成的基本供应链为例。在销售季节之前,公司确定应该从农户那里采购多少原产品,农户负责按照公司的指导产量进行生产。公司与农户签订订单规定:在生产结束时,公司以一定的价格(假设为"保底收购,随行就市"的价格)按订单量收购农户生产的农产品。同时,政府指导公司购买以成品为标的的欧式看跌期权,规避成品价格下跌的风险,并给予公司一定的期权金补贴。公司负责加工、销售成品。生产结束并到销售季节时,公司按照合同规定的价格收购原产品,将收购的原产品进行加工(如清洗、深加工成其他系列产品、包装等)处理后,利用所购买的期权销售成品。至此,完成"公司+农户+政府补贴期权金"型订单农业的一个生产周期。

第3章 基于期权套期保值的农产品生产决策模型

1. 基本假设

在建立模型之前,提出如下假设:

(1)考虑单一农产品,供应链中只包含一个公司、一个农户和一个政府。

(2)本节中,公司不是直接销售农户生产的原产品,而是收购原产品后进行简单的加工或深加工,销售加工后的成品,如公司收购农户的黄豆后进行质量筛选,加工成豆干或其他豆制品等进行销售。

(3)不考虑农户的生产成本,农户接受"保底收购,随行就市"的价格,自愿投入成本进行生产,忽略公司的加工成本。严格地说,本节将公司的成本都包含在原产品的加工损耗率里,不再单独地体现加工成本。

(4)在一个生产周期内,原产品价格 $\tilde{w}_1$、加工后成品价格 $\tilde{w}_2$、农产品成品的需求量 $\tilde{D}$ 都是非负的随机变量,且 $\tilde{D}$ 与 $\tilde{w}_2$ 之间的相关系数为 ρ。按照常识,产品的价格越高,需求量越少,因此有 $-1 \leqslant \rho \leqslant 0$。

(5)不考虑自然灾害等因素的影响,订单合同的签订保证了农户能够按照公司质量要求稳定地供应农产品。销售末期的成品残余价值非常低,因此不考虑成品缺货损失和期末残值收益。

(6)公司在政府的指导下购买期权,不存在投机行为。政府能兑现补贴期权金的承诺。期权的到期日与收购时刻一致。忽略期权交易的交易手续费,只考虑购买期权的成本。

2. 自由收购情形下公司的决策与收益函数

公司在不与农户签订任何协议的情形下,以随行就市的价格 $\tilde{w}_1$ 收购农产品。公司确定订货量为 Q_1,收购农户的农产品后进行加工,加工损耗率为 $1-\alpha(0<\alpha<1)$,即 Q_1 单位原产品加工后的成品量为 αQ_1。设原产品的市场价格 $\tilde{w}_1 \in [\underline{w}_1, \overline{w}_1] \subset (0, +\infty)$,密度函数为 $f(x_1)$,且 $E(\tilde{w}_1) = \mu_1$;经加工后的成品价格为 $\tilde{w}_2 \in [\underline{w}_2, \overline{w}_2] \subset (0, +\infty)$,概率密度函数为 $f(x_2)$,且 $E(\tilde{w}_2) = \mu_2$;成品需求量 $\tilde{D} \in [\underline{D}, \overline{D}] \subset (0, +\infty)$,概率密度函数为 $f(x_3)$,且 $E(\tilde{w}_3) = \mu_3$。那么,公司在随行收购下收益函数可表示成如下形式

$$\tilde{\pi}_1 = \tilde{w}_2 \min(\alpha Q_1, \tilde{D}) - \tilde{w}_1 Q_1$$

从而,公司的利润最大化模型为

$$\max_{Q_1} E(\tilde{\pi}_1)$$

定理 1 公司在随行收购下的最优订货量满足方程 $\alpha \int_{\alpha Q_1^*}^{\bar{D}} g(x_3) \mathrm{d}x_3 = \mu_1$。其中，$g(x_3) = \int_{\underline{w_2}}^{\bar{w_2}} x_2 f(x_2, x_3) \mathrm{d}x_2$，$f(x_2, x_3)$ 是成本价格和成品需求量的联合密度函数。

证明 先证明 $E(\tilde{\pi}_1)$ 关于 Q_1 呈凹函数。事实上，

$$E(\tilde{\pi}_1) = \int_{\underline{D}}^{\alpha Q_1} x_3 g(x_3) \mathrm{d}x_3 - \alpha Q_1 \int_{\bar{D}}^{\alpha Q_1} g(x_3) \mathrm{d}x_3 - \mu Q_1 \quad (3.1)$$

则有

$$\frac{\partial E(\tilde{\pi}_1)}{\partial Q_1} = -\alpha \int_{\bar{D}}^{\alpha Q_1} g(x_3) \mathrm{d}x_3 - \mu_1$$

$$\frac{\partial^2 E(\tilde{\pi}_1)}{\partial Q_1^2} = -\alpha^2 Q_1 g(\alpha Q_1) < 0$$

所以，$E(\tilde{\pi}_1)$ 关于 Q_1 呈凹函数。从而，最优订货量满足方程 $\left.\frac{\partial E(\tilde{\pi}_1)}{\partial Q_1}\right|_{Q_1^*} = 0$，即有等式

$$\alpha \int_{\alpha Q_1^*}^{\bar{D}} g(X_3) \mathrm{d}x_3 = \mu_1$$

从定理 1 可以看出，在成品价格与需求联合分布一定的条件下，当农产品市场期望价格增大时，公司定购量 Q_1^* 减少。这说明从公司角度来看，原产品的价格上涨抑制了公司增加收购量的积极性。这也符合实际情况，当原产品预期价格高时，公司收购成本变大，导致公司不愿意多收购。

定理 2 公司在随行收购情形下的最优期望利润为 $\pi_1^* = \int_{\underline{D}}^{\alpha Q_1^*} x_3 g(x_3) \mathrm{d}x_3$。

证明 公司的最优期望利润为

$$\pi_1^* = \int_{\underline{D}}^{\alpha Q_1^*} x_3 g(x_3) \mathrm{d}x_3 - \alpha Q_1^* \int_{\bar{D}}^{\alpha Q_1^*} g(x_3) \mathrm{d}x_3 - \mu_1 Q_1^* \quad (3.2)$$

将最优订货量满足的方程 $\alpha \int_{\alpha Q_1^*}^{\bar{D}} g(x_3) \mathrm{d}x_3 = \mu_1$ 代入 (3.2) 式可得，公司在随行收购下的最优期望利润为 $\pi_1^* = \int_{\underline{D}}^{\alpha Q_1^*} x_3 g(x_3) \mathrm{d}x_3$。

从定理 2 可以看出，在成品价格与需求联合分布一定的条件下，公司可以通过减少农产品加工损耗或提高收购量增加利润。而当原产品价格分布一定时，公司只能通过降低产品加工损耗提高利润。

第3章 基于期权套期保值的农产品生产决策模型

3. "公司+农户+政府补贴期权金"机制下公司的决策与收益函数

公司为了解决农户的后顾之忧和保护农户利益,采用"保底收购,随行就市"的价格形式收购农户生产的农产品,与农户签订一个双方同意的订单,规定生产结束时收购单位农产品的最低价格为 w^r,其中 $w^r > w_0$ (w_0 为农户最低参与价)。如果市场收购价 $\tilde{w}_1 \geq w^r$,则公司按市场收购价 $\tilde{w}_1$ 收购农产品;相反,按 w^r 收购农产品。公司确定农产品收购量为 Q_2。为了达到预期产量和质量,公司还会给予农户技术支持,所以不会出现公司因为产品质量问题而违约的情况。公司收购农户的农产品后进行加工,加工损耗率为 $1-\alpha$ ($0<\alpha<1$),即 Q_2 单位原产品加工后的成品量为 αQ_2。农户接受"保底收购,随行就市"的价格机制,所以农户违约风险很低,但是公司在收购价高于市场价时的违约风险可能很高。因此,政府鼓励公司购买以成品为标的的欧式看跌期权,利用期权套期保值。而购买期权需要支付期权金。假设每份期权合约政府补贴期权金率为 β。不考虑加工成本,公司利润为

$$\tilde{\pi}_2 = \tilde{w}_2 \min(\alpha Q_2, \tilde{D}) - \max(w^r, \tilde{w}_1) Q_2 + \{(K - \tilde{w}_2)^+ - (1-\beta) p_0 e^{r(T-t)}\} h \alpha Q_2 \tag{3.3}$$

其中,K 表示欧式看跌期权敲定价格。当 $K \leq \tilde{w}_2$ 时,$(K-\tilde{w}_2)^+ = 0$;当 $K > \tilde{w}_2$ 时,$(K-\tilde{w}_2)^+ = K - \tilde{w}_2$。针对每单位成品购买 h 份期权进行套期保值。购买期权需要支付的期权金除政府补贴一部分外,公司还需要支付一部分。公司对于购买期权的成本预算为 C,它不超过当前总价值的 γ 倍($0<\gamma<0.1$)。因此,公司预算满足如下不等式:

$$(1-\beta) p_0 e^{r(T-t)} h Q_2 \leq C = w_2^0 \alpha Q_2 \gamma$$

其中,w_2^0 为成品当前的期货价;p_0 为每份期权的期权金。在实际投资中,约束条件一般取等号。从而,为了套期保值,公司购买期权份数为

$$h = \frac{w_2^0 \alpha \gamma}{(1-\beta) p_0 e^{r(T-t)}}$$

公司在满足预算约束条件下,使其期望利润最大。建立优化模型如下:

$$\max_{Q_2, w^r} E(\tilde{\pi}_2)$$
$$\text{s.t.} \quad C = (1-\beta) p_0 e^{r(T-t)} h Q$$

定理3 在"公司+农户+政府补贴期权金"机制下,对公司而言,最优订单价为 $w^{r*} = \underline{w}_1$。

证明 首先证明 $E(\tilde{\pi}_2)$ 关于 w^r 呈凹函数。事实上,

$$\frac{\partial E(\tilde{\pi}_2)}{\partial w^r} = -\int_{\underline{w}_1}^{w^r} f(x_1) \mathrm{d} x_1 \leq 0$$

$$\frac{\partial^2 E(\widetilde{\pi}_2)}{\partial w'^2} = -f(w') < 0$$

所以,$E(\widetilde{\pi}_2)$ 关于 w' 呈凹函数。又因为 $\frac{\partial E(\widetilde{\pi}_2)}{\partial w'} \leq 0$,即 $E(\widetilde{\pi}_2)$ 关于 w' 单调递减。因此,当最优订单价为 $w'^* = \underline{w}_1$ 时,公司期望利润最大。

定理 3 的结论说明,对于公司而言,订单价格越小越有利,一旦订单价格定得太高,高于原产品市场价格时,按照订单合约,公司仍要以较高的订单价格收购农产品,这显然对公司是不利的。所以,公司给出的订单价往往是公司预计的原产品的最低市场价。

定理 4 在"公司 + 农户 + 政府补贴期权金"机制下,公司最优订货量 Q_2^* 满足方程

$$\alpha \int_{\alpha Q_2^*}^{\overline{D}} g(x_3) \mathrm{d}x_3 = \mu_1 + [(1-\beta) p_0 \mathrm{e}^{r(T-t)} - h(K)] h \tag{3.4}$$

其中,$h(K) = \int_{\underline{w}_2}^{K} (K - x_2) f(x_2) \mathrm{d}x_2$。

证明 首先证明 $E(\widetilde{\pi}_2)$ 关于 Q_2 呈凹函数。事实上,由定理 1 的证明可知,(3.3) 式第一项关于 Q_2 呈凹函数,而第二、三项关于 Q_2 呈线性函数。由凹函数的性质,很容易得出 $E(\widetilde{\pi}_2)$ 关于 Q_2 呈凹函数。从而,最优产量 Q_2^* 满足 $\left.\frac{\partial E(\widetilde{\pi}_2)}{\partial Q_2}\right|_{Q_2^*} = 0$。而

$$\left.\frac{\partial E(\widetilde{\pi}_2)}{\partial Q_2}\right|_{Q_2^*} = \alpha \int_{\alpha Q_2^*}^{\overline{D}} g(x_3) \mathrm{d}x_3 - \mu_1 - [(1-\beta) p_0 \mathrm{e}^{r(T-t)} - \int_{\underline{w}_2}^{K} (K-x_2) f(x_2) \mathrm{d}x_2] h \tag{3.5}$$

因此,将 h 的表达式代入(3.5)式中,定理 4 即可得证。

进一步地,由定理 3 和定理 4 得到,公司在"公司 + 农户 + 政府补贴期权金"机制下的最优期望利润为

$$\pi_2^* = \int_{\underline{D}}^{\alpha Q_2^*} x_3 g(x_3) \mathrm{d}x_3 \tag{3.6}$$

定理 4 的结论说明:

(1) 当选择的期权敲定价格等于成品的最低价时,公司的成品最优产量不能满足最大需求。事实上,当 $K = \underline{w}_2$ 时,若 $\alpha Q_2^* < \overline{D}$,那么有 $\alpha \int_{\alpha Q_2^*}^{\overline{D}} g(x_3) \mathrm{d}x_3 = 0$,

第3章 基于期权套期保值的农产品生产决策模型

这与 $\alpha \int_{\alpha Q_2^*}^{\bar{D}} g(x_3) \mathrm{d}x_3 = \mu_1 + (1-\beta) p_0 \mathrm{e}^{r(T-t)} h > 0$ 矛盾。

类似地,当选择的期权敲定价格使 $\mu_1 + [(1-\beta) p_0 \mathrm{e}^{r(T-t)} - h(K)] h = 0$ 时,公司的成品最优产量等于最大需求。

(2) 政府补贴期权金不仅可以提高公司订货量,提高利润,还可以促进农户增产增收。

事实上,当增大 β 时,等式(3.4)右端减小,从而在参数不变的条件下,Q_2^* 增大。再由(3.6)式可得,公司利润增大。

(3) 当公司预计原产品平均价格上涨时,在其他参数不变的条件下将减少订货量。

在3.1.3"数值分析"部分,将详细讨论其他参数对公司最优订货量及最优利润的影响。

4. "公司+农户+政府补贴期权金"机制下政府的最优补贴政策

从政府角度出发,既要鼓励公司参与"公司+农户+政府补贴期权金"机制,又要尽可能少地给予补贴。通过比较(3.2)式和(3.4)式可以发现,当 $Q_1^* = Q_2^*$ 时,对公司而言,自由收购与"公司+农户+政府补贴期权金"机制下收购的期望利润一样。又由 Q_1^* 和 Q_2^* 满足的等式可知,政府提供的期权金临界补贴率满足 $(1-\beta) p_0 \mathrm{e}^{r(T-t)} - h(K) = 0$,即临界期权金补贴率为

$$\beta = 1 - \frac{h(K)}{p_0 \mathrm{e}^{r(T-t)}}$$

作为政府而言,需要设计最优(最小)的期权金补贴率。本节中,期权当前价格为 p_0,根据 Blach-Scholes 公式得到

$$p_0 = K \mathrm{e}^{-r(T-t)} \phi(-d_2) - w_2^0 \phi(-d_1)$$

其中,$\phi(x)$ 表示均值为0、方差为1的标准正态分布变量小于 x 的累计概率分布函数,且变量之间存在如下关系

$$d_1 = \frac{\ln\left(\dfrac{w_{20}}{K}\right) + \left(r + \dfrac{\sigma_2^2}{2}\right)(T-t)}{\sigma_2 \sqrt{T-t}}, \quad d_2 = d_1 - \sigma_2 \sqrt{T-t}$$

于是有

$$\beta'(K) < 0$$

即 $\beta(K)$ 关于 K 单调递减。事实上,从3.1.3数值分析部分也可以检验得到补贴率关于敲定价格单调减少。从而,在临界情况(公司在自由收购和"公司+农户+政府补贴期权金"机制下收购的利润相等),当敲定价格取最大时,政府的期权金补贴率最小为

$$\beta^* = 1 - \frac{\int_{\underline{w}_2}^{\overline{w}_2}(\overline{w}_2 - x_2)f(x_2)\mathrm{d}x_2}{p_0 \mathrm{e}^{r(T-t)}}$$

其中，p_0 表示敲定价格为 $\overline{w}_2$ 时所对应的看跌期权价格。

综合以上分析不难发现，当 $\beta^* > 1 - \dfrac{\int_{\underline{w}_2}^{\overline{w}_2}(\overline{w}_2 - x_2)f(x_2)\mathrm{d}x_2}{p_0 \mathrm{e}^{r(T-t)}}$ 时，公司一定会参与"公司＋农户＋政府补贴期权金"机制，进而降低公司的违约率。同时，有 $Q_1^* < Q_2^*$，所以公司更愿意多收购农产品。这说明政府提高期权金补贴率不仅可以提高公司的履约率，还可以使农户增产增收。

3.1.3 数值分析

为了检验模型的有效性和进一步分析各参数对模型的影响，可以考虑以下的数值例子。模型基本参数为原产品价格 $\tilde{w}_1$ 服从正态分布 $N(15,5^2)$。经过加工后的成品有所升值，价格服从正态分布 $N(35,5^2)$。为了简单起见，假设成品需求量也服从正态分布 $N(500,50^2)$。成品期货当前价格为 30 元，其他参数为 $r=0.05$、$T=1$、$\rho=-0.7$、$\alpha=0.9$、$\gamma=0.1$，这些参数在进行灵敏度分析时分别取为区间变化。

1. 政府补贴率与看跌期权敲定价格的关系

为了分析看跌期权敲定价格对政府补贴率的影响，令敲定价格在区间 $[35,40]$ 内变化，得到曲线如图 3.1 所示。

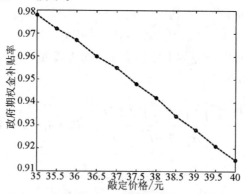

图 3.1　政府期权金补贴率与敲定价格的关系

从图 3.1 可以看出，补贴率随着敲定价格的增加而减少，这体现了政府主要在成品价格下跌时对公司进行补贴。成品价格若上涨，则公司自然从期权中得到收益。因此，政府可指导公司购买敲定价格较大的期权，从而减少政府的补贴支出。

2. 敲定价格对订单量的影响

不同的期权其敲定价格不同,对应的期权价格不同,这导致公司在选择不同敲定价格的期权套期保值时所付出的成本也不同。下面分析期权的敲定价格对公司决策变量(订单量)的影响(图3.2)。

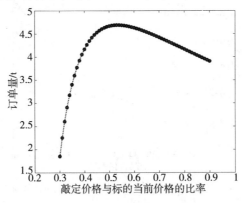

图3.2 敲定价格对订单量的影响

从图3.2可知,当期权敲定价格越高,公司确定的订单量越少。这是因为敲定价格高的期权其价格高,公司购买期权付出的成本增大。并且由图3.1可知,当敲定价格增加时,政府补贴率降低,这意味着公司要承担更多的成本。为了降低成本,公司会减少订单量。

3. 需求量的灵敏度分析

由图3.3可知,需求的期望对公司的订单量有正向影响。需求的波动对最优订单量没有影响,但对最优利润有负向影响。因此,当平均需求增大时,公司要增加订单量。而需求的波动性越大,对公司提高效用越不利。

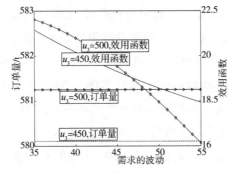

图3.3 需求量的灵敏度分析

4. 政府最优期权金补贴关于参数的灵敏度分析

政府最优期权金补贴式中含有成品价格的期望、方差。这两个参数对政府补贴率的影响如图 3.4 所示。

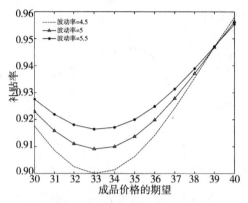

图 3.4 成品价格的期望、波动率对政府补贴率的影响

从图 3.4 可以看出,成品价格波动越大,政府补贴越多,说明政府为了让农户在价格波动大时能安心生产,一般会投入更多的补贴。通过对比图 3.3 和图 3.4,建议公司收购原产品后选择价格较高且波动较大的产品进行深加工,这样可以获得更多的政府期权金补助,提高公司的利润。

3.1.4 实证分析

为了进一步检验模型的有效性和实用性,下面以安徽省蚌埠市某小麦面粉生产企业为例,检验本节提出的新的供应链协调机制。企业关注的是未来产品价格的波动。该企业与农户签订合同,承诺以保护价格购买小麦。也就是说,如果市场价格高于保护价格,农户可以以市场价格出售产品;如果市场价格低于保护价格,农户可以以保护价格出售产品。这样农户的利益首先受到了保护。企业通过购买期权套期保值转移价格风险。为了鼓励企业签订这一有利于农户的合同,政府为企业提供了部分期权金补贴。从万德数据库中选取 2008~2015 年小麦和面粉每年的价格,以及每年对面粉的需求量。虽然所选取的数据量不大,但本节中数据的作用仅用于估计模型中的参数,从而进一步检验模型的有效性和实用性。通过检验发现,面粉的需求变量和面粉的价格服从对数正态分布,小麦的平均价格为 2.2 元,波动值为 0.2 元,面粉的平均价格为 3.06 元,波动值为 0.4 元,面粉的平均需求量为 1 569 t,

第3章 基于期权套期保值的农产品生产决策模型

波动值为90 t。设置面粉的价格是3.6元,将其他参数设置为 $r=0.05$、$t=1$。

下面依据公司何时接受本节所提出的新机制,分析政府提供的补贴对农户和公司的利润的影响。传统机制和新机制的对比结果如图3.5所示。

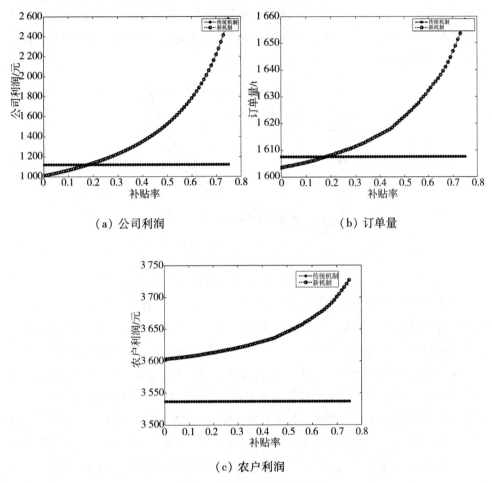

(a) 公司利润

(b) 订单量

(c) 农户利润

图3.5 期权金补贴率的影响

从图3.5中可以看出,当补贴率大于0.18(即临界值)时,公司接受新机制而不违约。也就是说,当政府承担超过期权费的18%以上的费用时,公司就履行订单合同。否则,公司会直接从市场而不是从农户那里购买产品。当补贴率大于0.18时,订单数量增加。通过期权金补贴,公司从农户手中会购买更多的产品,这对农户也是有利的。由图3.5(c)可知,新机制下,农户的利润会随着补贴率的增加而增加,因此本节所提出的新机制对农户是有利的。此外,与传统机制相比,农户从新机制中获得的利润更大。当政府提供的补贴率较大时,农户的利润增长得很快。同时,较高的补贴率也使公司增加了订单量。因此,如何设计合适的补贴率对政府来说是非常重要的。在实践中,政府有可能给予直接补贴。例如,政府为农户或公司提供现金补贴。然而,本节提出了一种新的补贴形式,即期权金补贴。这两种补贴形式的区别如图 3.6 所示。

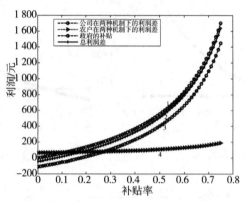

图 3.6 直接补贴和间接补贴的区别

图 3.6 中的 4 条曲线的含义如下:曲线 1 表示在不同补贴率下政府的总补贴,此处作为间接补贴。曲线 3 是公司在不同机制下的利润差。负差额意味着新机制下公司的利润比传统机制下的低。类似地,曲线 4 表示农户在两种机制下的利润差。曲线 2 是曲线 3 和曲线 4 的总和,称之为间接补贴。从图 3.6 中可以看出,政府提供的补贴总额随着补贴率的增大而增加。当补贴率小于临界补贴率 0.18 时,直接补贴与间接补贴几乎相同。也就是说,这两种机制下的总补贴对政府来说是没有区别的。然而,不同的机制对农户和公司有不同的影响。当补贴率大于临界补贴率时,公司的利润差为正,这意味着公司在新机制中的利润更高。根据合同约定,公司将从农户处购买产品。农户在两种机制下的利润差总是正的,这表明新机制总是有利于农户的。执行价格越大,期权金就越高。由于期权的敲定价格被设定为对应标的价格的上限,所以,政府必须给予更多的补贴。那么存在一个问题,以标的价格的上限作为敲定价格值得吗?图 3.7 显示了不同补贴率下敲定价格的影响。

第3章 基于期权套期保值的农产品生产决策模型

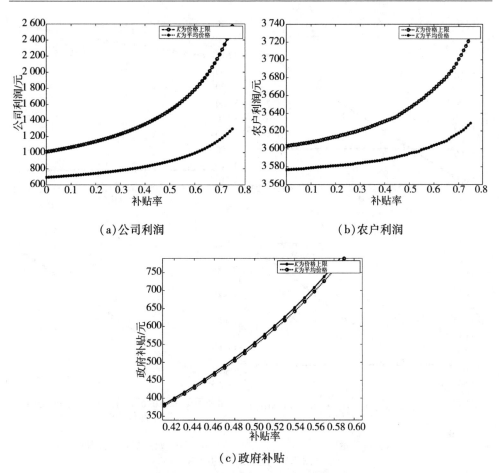

(a)公司利润　　(b)农户利润

(c)政府补贴

图 3.7　不同补贴率下敲定价格的影响

从图 3.7 可以看出,随着敲定价格的提高,政府补贴、农户和公司的利润都增加。其中,当敲定价格提高时,政府补贴的变化不大,但农户和公司能够从更高的敲定价格中获益。也就是说,选择标的价格上限作为敲定价格是政府的明智之举,是值得的。

公司的预算可能影响到其利润和决策,图 3.8 给出了期权预算的影响。

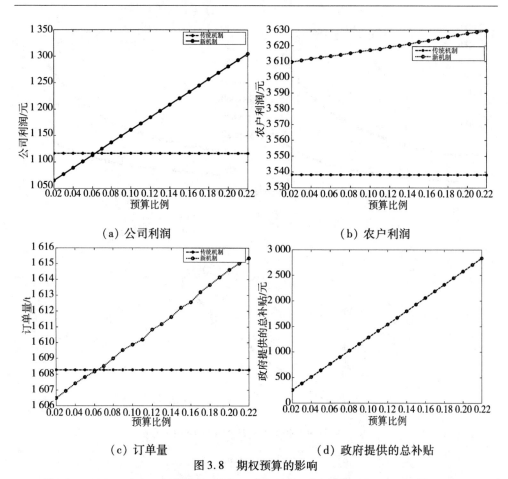

(a) 公司利润　　　　　　　　　(b) 农户利润

(c) 订单量　　　　　　　　　(d) 政府提供的总补贴

图 3.8　期权预算的影响

从图 3.8 可以看出,当预算比例小于 0.06 时,公司更倾向于选择传统机制。因此,政府应通过增加期权金补贴来刺激公司用期权套期保值。随着公司预算比例的增大,农户利润显著增加。政府提供的总补贴随着预算比例的增大而有所增加,原因是当预算增加时,成本增加了,政府也要承担更多的补贴。

为了说明在基础参数如原产品价格、成品价格和需求量变化的情况下,套期保值模型的预期效果,通过改变波动率来讨论出现的新情况。通过进行蒙特卡罗模拟,表 3.1～3.3 给出了相应的影响。表中字母的含义如下:

A_1—原产品价格的波动率;A_2—成品价格的波动率;

A_3—需求量的波动值;B—公司在传统价格机制下的利润(元);

C—传统价格机制下的订单量(t);D—农户在传统价格机制下的利润(元);

第3章 基于期权套期保值的农产品生产决策模型

E—公司在新机制下的利润(元);F—新机制下的订单量(t);
G—农户在新机制下的利润(元);H—政府给予的补贴(元)。
当原产品价格的波动率增大时,模型的稳定性检验见表3.1。

表3.1 原产品价格波动下模型的稳定性

A_1	B	C	D	E	F	G	H
0.2	1 108.68	1 608.16	3 540.84	2 249.36	1 649.04	3 705.11	1 250.13
0.4	1 122.94	1 608.18	3 537.70	2 160.37	1 645.81	3 768.49	1 247.69
0.6	1 125.86	1 609.40	3 540.21	2 081.24	1 645.01	3 843.35	1 247.08
0.8	1 129	1 609.47	3 537.95	2 007.6	1 641.6	3 910.6	1 244.5

从表3.1可以看出,当原产品价格波动率增加时,在传统价格机制下,公司的利润增加,而农户的利润减少,订单量随着原产品价格波动率的增加而增加,这意味着公司可以从原产品价格的波动中受益,进而提高订单量。然而,在新机制下,公司的利润和订单量减少,农户的利润在增加,政府给予的补贴减少,这与现实是吻合的。由于农户直接销售原产品,因此原产品价格波动对其利润有一定的负面影响。在新机制下,销售价格受到保护,农户的利益得以维持。此外,在原产品价格波动的情况下,新机制在提高订单量、增加农户和公司的利润方面都优于传统机制。当成品价格的波动率增大时,模型的稳定性检验见表3.2。

表3.2 成品价格波动下模型的稳定性

A_2	B	C	D	E	F	G	H
0.4	1 118.3	1 607.6	3 536.8	2 227.4	1 647.6	3 701.9	1 249
0.6	1 124.7	1 608.5	3 538.7	1 844.6	1 633.9	3 670.7	1 238.6
0.8	1 129.4	1 608.6	3 538.9	1 696.8	1 629	3 658.6	1 234.9
1	1 140.2	1 611.5	3 545.3	1 621.7	1 627.5	3 654.4	1 233.8

从表3.2可以看出,当成品价格的波动率增加时,在传统价格机制下,公司和农户的利润都在增加,订单量也随着成品价格波动率的增加而增加,这意味着公司和农户可以从成品价格的波动中受益。因此,农户将提高订单量。然而,在新机制下,所有的变量都在减小。当成品价格的波动率增大时,新机制在提高订单量、增加农户和公司的利润方面都优于传统机制,特别是新机制下公司和农户的利润明显大于传统机制下的利润。当需求量的波动率增大时,模型的稳定性检验见表3.3。

表 3.3 需求量波动下模型的稳定性

A_3	B	C	D	E	F	G	H
90	1 119.3	1 608.8	3 539.4	2 234.3	1 650	3 706.5	1 250.9
100	1 118.9	1 604.1	3 529.1	2 222.4	1 648.3	3 700.3	1 249.5
110	1 109.5	1 599.9	3 519.7	2 219.6	1 647.2	3 699.2	1 248.7
120	1 103.5	1 593	3 504.6	2 214	1 646.9	3 698.1	1 248.5

从表 3.3 可以看出,更大的需求波动值不利于农户和公司。无论在传统机制下还是在新机制下,订单量都随着需求量的波动值的增加而减少。比较研究结果表明,新机制可以有效地用于风险对冲。由于新机制下的公司利润总是高于传统机制下的公司利润,公司不会从市场购买产品,而是转向从农户处购买产品。因此,所提出的新机制可以有效地降低公司的违约率。

3.1.5 结论与展望

传统的"保底收购,随行就市"的价格契约机制虽然有利于保护农户的收益,提高农户的履约率,但是在原产品价格低于订单价格时,无法防止公司的机会主义行为,造成公司违约率可能会很高的现象。利益共享模式虽然在一定程度上能降低公司的违约率,但又带来信息不对称等问题。本节在传统的"保底收购,随行就市"的价格契约机制的基础上,研究政府指导公司购买欧式看跌期权套期保值,规避成品价格下跌风险,并给予公司期权金补助,构建了"公司 + 农户 + 政府补贴期权金"型农产品供应链模型。在随行收购机制和本节所提出的机制下,分别得到公司的最优订单量、公司与农户签订的保底收购价格、购买期权的数量及两种机制下公司的最优利润。在"公司 + 农户 + 政府补贴期权金"机制下,得到政府选择的期权最优敲定价格和最优期权金补贴率。

研究结果表明:

(1)在政府最优决策(最优期权敲定价格和最优补贴率)下,公司随行收购的利润与"公司 + 农户 + 政府补贴期权金"机制下的利润相等。通过在传统的"保底收购,随行就市"的价格形式上,引入政府期权金补助机制,可以有效地降低公司违约率。

(2)公司的订单量受成品加工损耗率、成品需求量与成品价格的相关系数、成品期望价格、成品期望需求正向影响;成品价格的波动不影响公司的订单量。

第 3 章 基于期权套期保值的农产品生产决策模型

(3) 为了获得更高的利润,建议公司不要一味地提高订单量,而应该降低加工损耗,如提高加工技术、降低加工成本等。原产品期望价格与公司利润有反向关系,而成品期望价格和波动与公司利润有正向关系。成品需求量增大看似可以增加公司利润,但实际上需求量增大意味着成本价格下降,所以成品期望需求量对公司利润没有影响。

(4) 建议公司收购原产品后选择价格较高、波动较大的产品进行深加工,这样可以获得更多的政府期权金补助,提高公司利润。

当然,"公司+农户+政府补贴期权金"型订单农业供应链决策中包含多种不确定性因素,本节是在一定的假设条件下进行的研究。本节中将公司的加工成本隐含于产品的加工损耗率中,没有把加工成本按照一般的固定成本、投入成本和努力成本进行累加,将来可以进一步将这些因素细分出来考虑,使决策模型更贴近实际。

3.2 随机产出下"公司+农户+期权"模式的决策模型

本节在传统的"公司+农户"型订单农业供应链决策模型的基础上考虑天气对产出的影响、期权套期保值和政府期权金补贴,提出"公司+农户+政府协调"模式下的订单农业协调机制。其中,最优订单量由农户确定,订单价格由政府协调确定为收购价格的平均值。公司在政府的指导下购买欧式看跌期权对冲销售价格和需求风险。研究结果表明,相对于自由买卖,新的协调机制不仅可以保证农户获得更多的收益,还可以有效地降低公司的违约率。本节也为政府提出了新的补贴机制,即通过给公司提供期权金补贴激励公司接受新机制。通过分析发现,价格的不确定性增加时,集中决策下最优订单量不受影响,分散决策下最优订单量增加。不管是在集中决策下还是在分散决策下,产出不确定性的增加导致最优订单量减少。公司和农户的绩效水平都为正,这说明了本节所提出的新机制能最大限度地提高农户收益、降低公司违约率和充分发挥政府的协调作用。

3.2.1 引言

目前,我国农业生产主要以小农户为基础单位独立进行。这种"小生产"在"大市场"中处于极端弱势地位,难以抵抗各方面的风险。其中,价格风险是主要风险之一,比如,农产品价格下跌导致农户贱卖劳动成果。除了价格风险外,农业生产受天气影响也比较大。俗话说"农民靠天吃饭",意思是农业收成在很大程度上依赖于自然条件,丰年或灾年时农户的收益差距很大。因此,对农户而言,农产品价格风险和天气风险是两个主要的风险。很多学者从保护农户利益的角度出发,设计出多种农产品供应链机制来降低价格风险或天气风险。比如,在实践中通常用"保底收购,随行就市"的价格机制来保护农户的收益。这种机制虽然在一定程度上能保护农户的利益,但存在着公司违约率较高的问题。诺贝尔经济学奖获得者、"期权定价模型"的首创者、"期权之父"罗伯特·莫顿在第六届期货机构投资者年会新闻发布会上表示,防范、化解金融风险需要加大衍生品工具的开发。在衍生品市场中最重要的是控制风险、平衡市场参与者,让市场平稳运行。复杂的金融体系是建立在对风险的控制和风险管理基础之上的。莫顿认为,一个金融体系一定要有衍生品,而且种类越多越好,这样可以和金融系统的各个层面产生联系。如果金融市场没有任何风险,那么这个金融市场也就不能称为一个真正的金融市场。衍生品最主要的作用是转移风险。因此,有必要引入衍生品套期保值来转移供应链内部风险,使农户和公司都处于利益优势。

期权是一种重要的套期保值工具。Peter 和 Charles 最早在库存研究中引入期权机制以对冲产品价格和数量波动的风险。随后有很多学者将衍生品应用到供应链协调机制的研究中。考虑到农户的专业知识相对薄弱,本节提出由公司在政府的指导下购买期权进行套期保值,进而提高整个供应链的协调性。通过期权套期保值和期权金补贴转移订单农业供应链内部风险,促进订单农业的协调发展。

在"公司+农户"型订单模式中如何降低公司违约率是一个重要问题。另外,根据我国实际情况,在订单农业协调机制研究中,相关惠农政策在以保障农户利益为主的同时也激励着公司履约。政府作为协调者应该充分发挥引导作用。目前研究存在的不足主要体现在农户和公司处于一个零和博弈、对农户收益保护力度不够大、政府决策和引导作用不显著。因此,本节基于如下方面考虑"公司+农户"型订单农业的协调性。

(1)农户以"保底收购,随行就市"的价格形式出售农产品。不同于已有研究,考虑收购价格和天气的不确定性。为了充分保护农户的利益,订单量由农户确定,且最优订单量使农户期望收益最大。

(2)公司被动地接受农户确定的订单量。为了降低公司出售产品时面临的价格

第3章 基于期权套期保值的农产品生产决策模型

风险和需求风险,政府指导公司购买欧式看跌期权进行套期保值。

(3)为了激励公司按新的协调机制履约,政府给予公司期权金补贴。通过设计合适的期权金补贴率,约束公司的违约行为。已有的关于政府在供应链中发挥监管、指导、引导和协调作用的研究非常少。本节也将政府作为订单农业中的一个重要参与者发挥其在订单农业协调发展中的作用。

综上,本节中农户、公司和政府的定位如下:农户以自身收益最大化策略确定订单量并组织生产;公司购买期权进行套期保值规避销售价格风险;政府通过给公司提供期权金补贴激励公司履约。另外,考虑到过高或过低的订单价格不利于公司或农户,本节将发挥政府在确定订单价格时的协调作用,确定合适的订单价格。因此,新的订单农业协调机制为公司和农户提出更稳健的、更具操作性的契约机制,在激励公司参与的同时,增加农户的收益。这不仅在理论上具有重要意义,而且在实践中可以为促进我国订单农业的发展、充分发挥政府的协调作用提供参考。

3.2.2 基本模型的构建

本节构建由单一农户与单一公司组成的两级订单农业供应链基本模型。这里的"单一"既可指自然的一个农户或公司,也可以指由农户或公司组成的一个合作社。农户按照公司的质量要求负责生产,公司则负责加工、销售农产品。在生产开始时,公司与农户签订订单,该订单规定:由农户根据自己的生产能力确定订单量。在销售季节,公司按订单量以"保底收购,随行就市"的价格形式收购农户的农产品。考虑到公司面临着随机市场的需求和价格问题,政府指导公司购买欧式看跌期权进行套期保值。鼓励公司购买欧式看跌期权的一个目的在于本节中由农户而不是公司确定订单量。当农户确定的订单量大于公司预期的需求量时,公司可以将需求剩余在期权市场上进行交易,解决产品过剩问题。而购买期权需要支付期权金,政府为了激励公司履约,给公司提供期权金补贴。农户通过确定订单量最大化自身收益,政府通过指导公司购买期权并设计补贴率降低公司面临的需求和价格风险,促使公司履约。即在一个生产周期中,农户需要确定订单量;政府需要确定期权金补贴率、指导确定合理的订单价格。

1. 基本假设

在建模之前,提出如下假设:

(1) 考虑一周期包括单一产品、一个公司和一个农户的供应链。其中,这里的"一个"可以泛指一个生产或销售合作社。

(2) 考虑到由公司确定的订单量并不一定使农户收益最大,为了充分保护农户收益,假设订单量 Q 由农户确定。本节提出由农户确定订单量。生产成本 $C(Q)$ 满足 $C'(Q)>0, C''(Q)>0$。与叶飞等一样,假设成本函数可以写成 $C(Q) = c_0 + c_1 Q + c_2 Q^2$,其中 c_0 为固定成本;$c_1 Q > 0$ 为种植农产品的投入成本;$c_2 > 0$ 为农户的努力成本系数,$c_2 Q^2$ 表示农户生产农产品的努力成本。

(3) 农产品市场收购价格 $\tilde{w} \in [\underline{w}, \overline{w}]$,假定其分布函数和密度函数分别为 $M(x)$ 和 $m(x)$;公司销售农产品的次级市场成为销售市场,其销售价格 $\tilde{p} \in [\underline{p}, \overline{p}]$ 的分布函数和密度函数分别为 $H(y)$ 和 $h(y)$;$G(s)$ 和 $g(s)$ 分别为自然状态 $\tilde{S} \in [\underline{s}, \overline{s}]$,如天气等的分布函数和密度函数。在状态 $s \in [\underline{s}, \overline{s}]$ 的条件下,$F(\frac{z}{s})$ 和 $f(\frac{z}{s})$ 分别为自然状态影响下随机产出 $\tilde{D}(s) \in [\underline{D}, \overline{D}]$ 的分布函数和密度函数。根据 Park 的研究,一个区域内的产出不足以影响总体价格,因此本节中假设上述随机变量独立。

(4) 公司在政府的指导下购买欧式看跌期权进行套期保值。假设期权敲定价格为 k,每一份期权对应的期权金记为 φ。为了激励公司参与新的协调机制,政府给公司提供期权金补贴。设补贴率为 $1-\lambda (0 \leq \lambda \leq 1)$。假设公司用于购买期权的预算为 c,期权头寸为 Y,那么有预算约束 $\lambda \varphi Y \leq c$。根据 Ahn 的研究,在实际模型过程中,预算约束满足 $\lambda \varphi Y = c$。Lapan 等定义无偏的期权市场满足 $E(K-\tilde{p})^+ = \varphi$。假设期权市场是无偏的。

(5) 考虑农产品的残值,农户期末剩余产品以市场价格出售。对于公司而言,若订单量大于需求量,则剩余产品可以以期权合约出售。公司在政府的指导下购买期权,不存在套利行为。

(6) 过高的订单价格虽然对农户有利,但对公司不利,使公司违约的概率更高;过低的订单价格失去保护价的作用。若由农户确定订单价格,则农户一定会确定价格的最大值;而若由公司确定订单价格,则公司也会确定价格为其预期价格的最小值。因此,本节中的订单价格由政府协调确定。

(7) 以上信息对公司、农户和政府都是共同信息。

2. 公司与农户的收益函数

农产品对价格的反应比较敏感。并且,农业生产的产出在很大程度上受到自然因素如天气的影响。因此,农户面临着价格和产出风险。为了最大限度地保护农户收益,公司采用"保底收购,随行就市"的价格形式收购农户生产的农产品。即公司与农户签订订单,约定订单价格为 w^r。当收购价高于 w^r 时,农户以收购价出售农产品;反之,以订单价出售农产品。农户以市场价卖出订单之外的产出。

基于以上假设,农户的收益函数 π_1 为

$$\pi_1 = \min(Q, \widetilde{D})\max(w^r, \widetilde{w}) + [\widetilde{D} - \min(Q, \widetilde{D})]\widetilde{w} - C(Q) \quad (3.7)$$

此时,公司的收益函数 π_2 为

$$\pi_2 = \min(Q, \widetilde{D})\widetilde{p} - \min(Q, \widetilde{D})\max(w^r, \widetilde{w}) + [(K - \widetilde{p})^+ - \lambda\varphi]Y \quad (3.8)$$

其中,$\lambda\varphi Y = c$。整条供应链的随机收益函数为

$$\pi = \min(Q, \widetilde{D})\widetilde{p} + [\widetilde{D} - \min(Q, \widetilde{D})]\widetilde{w} + [(K - \widetilde{p})^+ - \lambda\varphi]Y - C(Q) \quad (3.9)$$

3.2.3 订单农业供应链的集中决策模式

在集中决策模式下,整条供应链的期望收益为

$$E(\pi) = \left[\int_{\underline{p}}^{\overline{p}}\int_{\underline{s}}^{\overline{s}}\int_{\underline{D}}^{Q} zyf(z\mid s)g(s)h(y)\mathrm{d}z\mathrm{d}s\mathrm{d}y + \int_{\underline{p}}^{\overline{p}}\int_{\underline{s}}^{\overline{s}}\int_{Q}^{\overline{D}} Qyf(z\mid s)g(s)h(y)\mathrm{d}z\mathrm{d}s\mathrm{d}y\right](\overline{p} - \overline{W}) + \overline{D}\,\overline{W} + (1 - \lambda)\frac{c}{\lambda} - c(Q) \quad (3.10)$$

由(3.10)式,容易证明 $E(\pi)$ 为订单量 Q 的凹函数。由最优值存在的一阶条件,令 $\dfrac{\mathrm{d}E(\pi)}{\mathrm{d}Q} = 0$,得到唯一确定的最优订单量 Q^*,如定理1所示。

定理 1 令 $\overline{P} = E\widetilde{p}$。假设期权市场无偏,则在集中决策下,存在唯一确定的最优订单量 Q^* 使得整条供应链的期望收益最大,其中

$$1 - F(Q^*) = \frac{c_1 + 2c_2 Q^*}{\overline{p}} \quad (3.11)$$

根据(3.10)式有 $\dfrac{\mathrm{d}E(\pi)}{\mathrm{d}\lambda} = -\dfrac{c}{\lambda^2} < 0$,所以 $E(\pi)$ 关于 λ 递减,即 $E(\pi)$ 关于补贴率 $(1-\lambda)$ 递增。于是可得到推论1结论。

推论1 在集中决策下,整条供应链的期望收益随着政府补贴的增加而增加。

根据(3.11)式,可得最优订单量 Q^* 与生产成本系数的关系如推论2所示。

推论2 集中决策下,农产品最优订单量 Q^* 与生产成本系数满足如下关系:Q^* 不受 c_0 的影响;Q^* 随着 c_1 的增大而减少;Q^* 随着 c_2 的增大而减少。

推论2的结论与实际生产情况一致,即投入生产成本越高(如贵重药材),选择生产的农产品订单量越低。

3.2.4 订单农业供应链的分散决策模型

本节中,供应链分散决策对象不是公司与农户,而是政府与农户。这样考虑的目的在于保护农户利益。通过政府引导决策使公司接受新机制所得到的收益大于违约获得的收益,从而限制公司的违约行为。

1. 订单价格和农户的最优订单量

由农户的收益(3.7)式,容易证明农户的期望收益 $E(\pi_1)$ 为订单量 Q_1^* 的严格凹函数。因此,由一阶条件可以得到农户确定的最优订单量满足

$$1 - F(Q_1^*) = \frac{c_1 + 2c_2 Q_1^*}{E[\max(w^r, \tilde{w})]} \tag{3.12}$$

下面讨论订单价格 w^r 的确定问题。由(3.7)和(3.8)式可知,农户和公司收益随着订单价格的递增而递增(递减)。于是,从自身利益最大化的角度出发,农户和公司确定的订单价格分别在收购价格的最大值和最小值处取得,这导致双方利益不协调。

由(3.8)式不难发现,若政府不引导公司购买期权套期保值,公司期望收益为

$$E\{\min(Q, \tilde{D})[\tilde{p} - \max(w^r, \tilde{w})]\} \tag{3.13}$$

一般地,订单价格应与预期收购价格或销售价有关。若取订单价格 $w^r = \bar{p}$,则

$$E[\max(w^r, \tilde{w})] = E[\max(\bar{p}, \tilde{w})] \geqslant \bar{p} \tag{3.14}$$

即公司的期望利润一定是非正的,这与实际不相符。因为如果公司在没接受新机制前的订单价格使获得的期望收益非正,那么公司不会选择签订订单。又因为 $E[\max(w^r, \tilde{w})]$ 表示平均收购价,从公司角度希望平均收购价格不超过平均销售价格。这也说明了(3.14)式与实际不相符。综合以上分析,本节提出由政府协调订单

第3章 基于期权套期保值的农产品生产决策模型

价格,并且确定订单价格 $w^r = \overline{W}$。其中,$\overline{W}$ 表示收购价的平均值,这与实际是相符合的。政府从公平角度出发,将订单价格确定为收购价格的平均值,这对于公司和农户而言是折中的选择。所以,由农户、公司和政府确定的订单价格分别如推论3。

推论3 若订单价格 w^r 由农户确定,则农户确定订单价格 $w^r = \overline{w}$。同样地,若由公司确定订单价格,则有 $w^r = \underline{w}$;政府从公平角度确定订单价格 $w^r = \overline{W}$。

从推论3可以看出,订单价格由农户或公司确定都不能协调公司和农户利益。而过高或过低的订单价格对公司或农户不利。若不利用期权套期保值,订单供应链内部风险不能有效地被转移出去。农户和公司处于零和博弈中。

综上分析,由农户确定的最优订单量 Q_1^* 如定理2所示。

定理2 在分散决策下,若订单价格由政府协调确定为 $w^r = \overline{W}$,订单量由农户确定,则农户从自身收益最大化的角度确定的订单量满足

$$1 - F(Q_1^*) = \frac{c_1 + 2c_2 Q_1^*}{E[\max(\overline{W}, \widetilde{w})]} \tag{3.15}$$

定理1的结论可以表示成

$$\frac{C'(Q^*)}{1 - F(Q^*)} = \overline{p} \tag{3.16}$$

定理2的结论可以表示成

$$\frac{C'(Q_1^*)}{1 - F(Q_1^*)} = E[\max(\overline{W}, \widetilde{w})] \tag{3.17}$$

由成本函数的性质 $C''(\cdot) > 0$ 和 $F(\cdot)$ 的单调性有:当 $E[\max(\overline{W}, \widetilde{w})] \geq \overline{p}$ 时,$Q_1^* \geq Q^*$;当 $E[\max(\overline{W}, \widetilde{w})] < \overline{p}$ 时,$Q_1^* < Q^*$。从而得到推论4的结论如下:

推论4 若订单价格由政府协调确定为 $w^r = \overline{W}$ 且订单量由农户确定,则当 $E[\max(\overline{W}, \widetilde{w})] < \overline{p}$ 时,集中决策下的订单量大于分散决策下的订单量;当 $E[\max(\overline{W}, \widetilde{w})] > \overline{p}$ 时,集中决策下的订单量小于分散决策下的订单量。

2. 政府补贴率决策模型

在无偏市场的假设下,根据(3.8)式和(3.9)式可以发现,政府的期权金补贴率越高,公司利润和整条供应链收益越大。但政府作为政策指定和引导部门,承担全部期权金不利于提高社会效益。政府补贴期权金的目的在于激励公司接受新机制,

避免公司的违约行为。当订单价格高于市场收购价格时,公司有可能违约。此时,通过政府激励公司购买期权套期保值并给公司提供期权金补贴可以规避公司违约行为。

当 $w^r = \overline{W} > \widetilde{w}$ 时,若公司以市场价格收购,此时公司不能享受政府提供的期权金补贴,其收益为

$$\pi'_2 = \min(Q_1, \widetilde{D})\widetilde{p} - \min(Q_1, \widetilde{D})\widetilde{w}$$

若公司仍以订单价格收购,其收益为

$$\pi''_2 = \min(Q_1, \widetilde{D})\widetilde{p} - \min(Q_1, \widetilde{D})\max(\overline{W}, \widetilde{w}) + [(K-\widetilde{p})^+ - \lambda\varphi]\frac{c}{\lambda\varphi}$$

为了规避公司的违约行为,政府通过设计期权金补贴率使 $E(\pi''_2) \geq E(\pi'_2)$ 成立。又因为

$$E(\pi'_2) = E[\min(Q_1, \widetilde{D})]E(\widetilde{p} - \widetilde{w})$$

$$E(\pi''_2) = E[\min(Q_1, \widetilde{D})]E[\widetilde{p} - \max(\overline{W}, \widetilde{w})] + E[(K-\widetilde{p})^+ - \lambda\varphi]\frac{c}{\lambda\varphi}$$

记 $\overline{W} = E(\widetilde{w})$,由期权市场的无偏性可得

$$E(\pi'_2) = E[\min(Q_1, \widetilde{D})](\widetilde{p} - \overline{W})$$

和

$$E(\pi''_2) = E[\min(Q_1, \widetilde{D})]E[\widetilde{p} - \max(\overline{W}, \widetilde{w})] + \frac{1-\lambda}{\lambda}c$$

所以,政府期权金补贴率满足

$$\frac{1-\lambda}{\lambda}c \geq E[\min(Q_1, \widetilde{D})][\max(\overline{W}, \widetilde{w}) - \overline{W}]$$

定理 3 记 $d = 1 - \lambda$ 为政府期权金补贴率。假设期权市场无偏,则为了规避公司的违约行为,政府期权金临界补贴率为

$$d^* = 1 - \frac{c}{E[\min(Q_1^*, \widetilde{D})][\max(\overline{W}, \widetilde{w}) - \overline{W}] + c} \quad (3.18)$$

其中最优订单量 Q_1^* 满足定理 2。

因为 $E[\max(\overline{W}, \widetilde{w})] \geq \overline{W}$,所以由(3.18)式表示的政府期权金补贴率是合理的。从定理 3 可知,政府期权金临界补贴率随着公司用于购买期权的预算增大而减少。

第3章 基于期权套期保值的农产品生产决策模型

这体现了政府指导公司购买期权套期保值而不是投机的初衷。同时,还可以发现当最优订单量减少时,政府期权金临界补贴率减少。这说明政府更倾向于针对大订单补贴期权金。

当政府提供的期权金补贴率满足(3.18)式时,公司以市场价格收购农产品的收益等于本节所提出的机制下的收益,不一定能解决公司可能违约的问题。此时,在实际补贴中,政府一般在临界补贴率的基础上增加补贴比例。这样做才能激励公司接受本节设计的新机制。假设在实际补贴中,政府提供的期权金补贴率为 $d^*+\varepsilon$,其中 ε 表示在临界补贴率的基础上增加的补贴比例。将实际补贴率代入(3.8)式分析公司收益与预算成本和增加补贴率的关系如推论5所示。

推论5 假设期权市场无偏,并假定在实际补贴中,政府在临界补贴率 ε 的基础上增加补贴率且公司购买期权预算为 c,则公司收益随着 ε 的增加而增加,随着 c 先减少后增加。假设期权市场无偏,在分散决策下,公司期望收益为

$$E(\pi_2) = E[\min(Q,\tilde{D})\tilde{p} - \min(Q,\tilde{D})\max(w^r,\tilde{w})] + \frac{1-\lambda}{\lambda}c$$

令 $L = \frac{1-\lambda}{\lambda}c$,当分析期权补贴率和预算对公司期望收益的影响时,只需要针对上式第二项 $L = \frac{1-\lambda}{\lambda}c$ 进行分析。设实际补贴中,政府提供的期权金补贴率是在临界补贴率的基础上增加补贴率 ε,即实际补贴率 η 可写成

$$\eta = 1 + \varepsilon - \frac{c}{E[\min(Q_1^*,\tilde{D})][\max(\overline{W},\tilde{w}) - \overline{W}] + c}$$

将上式代入 L 中有

$$L = \frac{\eta}{1-\eta}c$$

$$= \frac{1 + \varepsilon - \dfrac{c}{E[\min(Q_1^*,\tilde{D})][\max(\overline{W},\tilde{w}) - \overline{W}] + c}}{\dfrac{c}{E[\min(Q_1^*,\tilde{D})][\max(\overline{W},\tilde{w}) - \overline{W}] + c} - \varepsilon}c$$

$$= \frac{(1+\varepsilon)\{E[\min(Q_1^*,\tilde{D})][\max(\overline{W},\tilde{w}) - \overline{W}] + c\} - c}{c - \varepsilon\{E[\min(Q_1^*,\tilde{D})][\max(\overline{W},\tilde{w}) - \overline{W}] + c\}}$$

以下先考察 L 关于 c 的单调性。记

$$A = E[\min(Q_1^*, \tilde{D})][\max(\overline{W}, \tilde{w}) - \overline{W}]$$

则

$$\frac{\partial L}{\partial c} = \frac{\varepsilon(1-\varepsilon)c^2 - 2A\varepsilon^2 c - A^2(1+\varepsilon)\varepsilon}{[c - \varepsilon(A+c)]^2}$$

因为 $\frac{\partial L}{\partial c}$ 的分子是二次项系数为正的二次多项式,且对应的二次方程有一个正根和一个负根,又 $c > 0$,所以 $\frac{\partial L}{\partial c}$ 先取负再取正。这意味着 L 关于 c 先单调递减再单调递增。这与"3.2.5 数值分析"中图 3.9 所表现出的结果是一致的。

再考察 L 关于 ε 的单调性。因为 $L = \frac{(1+\varepsilon)(A+c) - c}{c - \varepsilon(A+c)} c$,容易发现 L 关于 ε 单调递增。这与"3.2.5 数值分析"中图 3.10 所表现出的结果是一致的。

从推论 5 可以发现,政府期权金补贴率对公司提高收益是有利的。公司过低的期权预算给公司带来的收益不利。但即便如此,对于政府而言,其目的在于保障农户利益而不是使公司收益最大化,需要监督公司购买期权并给予期权金补贴,公司在订单价格高于收购价格时若违约,则按市场价格收购得到的收益比以订单价格收购接受补贴得到的收益低。这样可以有效地激励公司参与新机制,降低公司的违约率。

3.2.5 数值分析

参考林强和叶飞,设生产成本系数分别为 $c_0 = 2, c_1 = 0.03, c_2 = 0.005$。农产品收购市场价格 $\tilde{w} \sim N(0.35, \sigma^2)$;销售价格市场价格 $\tilde{p} \sim N(0.38, \sigma^2)$。其中 $\sigma = 0.02, 0.05$($\sigma = 0.02$ 时表示市场收购价和市场销售价的不确定性较小;$\sigma = 0.05$ 时表示市场收购价和市场销售价的不确定性较大)。

假定自然随机因素 u 服从 $U(\bar{u} - \delta, \bar{u} + \delta), \bar{u} = 1$ 的均匀分布,随机产出 $\tilde{D} = E(\tilde{D})u, E(\tilde{D}) = 40; \delta = 0.3, 0.5$($\delta$ 反映了产出的不确定性大小。当 $\delta = 0.3$ 时,表示产出的不确定性较小;当 $\delta = 0.5$ 时,表示产出的不确定性较大)。

第3章 基于期权套期保值的农产品生产决策模型

为了便于表示,先引入相关符号如下:

A_1——集中决策下农户收益;

A_2——集中决策下公司收益;

A_3——集中决策下整条供应链收益;

A_4——集中决策下以市场价卖出时农户的收益;

A_5——集中决策下以市场价买入时公司的收益;

A_6——分散决策下农户收益;

A_7——分散决策下公司收益;

A_8——分散决策下整条供应链收益;

A_9——分散决策下以市场价卖出时农户的收益;

A_{10}——分散决策下以市场价买入时公司的收益。

以下取 $\varepsilon=0.1$,分别分析集中决策和分散决策下公司和农户的收益情况如表3.4所示。

表3.4 价格不确定性 $\sigma=0.02$,产出不确定性 $\delta=0.3,0.5$ 下收益情况

价格不确定性 $\sigma=0.02$,产出不确定性 $\delta=0.3$													
			集中决策						分散决策				
c	d^*	d	Q^*	A_1	A_2	A_3	A_4	A_5	Q_1^*	A_6	A_7	A_8	A_9	A_{10}
0.1	0.74	0.84	30.7	6.66	1.17	7.84	6.36	0.91	30	6.89	1.16	8.06	6.6	0.89
0.15	0.66	0.76	—	—	1.10	7.77	—	—	—	—	1.08	7.98	—	—
0.2	0.59	0.69	—	—	1.07	7.74	—	—	—	—	1.06	7.96	—	—
0.25	0.54	0.64	—	—	1.06	7.73	—	—	—	—	1.05	7.95	—	—
0.3	0.49	0.59	—	—	1.05	7.72	—	—	—	—	1.04	7.94	—	—
价格不确定性 $\sigma=0.02$,产出不确定性 $\delta=0.5$													
0.1	0.84	0.94	27.6	7.60	2.10	9.71	7.33	0.80	26.8	7.85	2.09	9.94	7.59	0.78
0.15	0.77	0.87	—	—	1.61	9.22	—	—	—	—	1.60	9.45	—	—
0.2	0.72	0.82	—	—	1.47	9.08	—	—	—	—	1.46	9.31	—	—
0.25	0.67	0.77	—	—	1.41	9.01	—	—	—	—	1.39	9.25	—	—
0.3	0.63	0.73	—	—	1.37	8.98	—	—	—	—	1.36	9.21	—	—

表3.5 价格不确定性 $\sigma=0.05$，产出不确定性 $\delta=0.3,0.5$ 下收益情况

价格不确定性 $\sigma=0.05$，产出不确定性 $\delta=0.3$														
			集中决策						分散决策					
c	d^*	d	Q^*	A_1	A_2	A_3	A_4	A_5	Q_1^*	A_6	A_7	A_8	A_9	A_{10}
0.1	0.85	0.95	30.7	7.02	2.59	9.62	6.36	0.91	30	7.08	2.59	9.67	6.48	0.90
0.15	0.80	0.90	—	—	1.67	8.70	—	—	—	—	1.67	8.75	—	—
0.2	0.75	0.85	—	—	1.45	8.47	—	—	—	—	1.44	8.53	—	—
0.25	0.70	0.80	—	—	1.35	8.38	—	—	—	—	1.35	8.43	—	—
0.3	0.66	0.76	—	—	1.30	8.32	—	—	—	—	1.29	8.38	—	—
价格不确定性 $\sigma=0.05$，产出不确定性 $\delta=0.5$														
0.1	0.80	0.90	27.6	7.87	1.26	9.14	7.33	0.80	27	7.88	1.20	9.09	7.46	0.63
0.15	0.73	0.83	—	—	1.04	8.92	—	—	—	—	0.98	8.87	—	—
0.2	0.67	0.77	—	—	0.97	8.84	—	—	—	—	0.91	8.80	—	—
0.25	0.62	0.72	—	—	0.94	8.81	—	—	—	—	0.88	8.76	—	—
0.3	0.58	0.68	—	—	0.92	8.79	—	—	—	—	0.86	8.75	—	—

分析表3.4和表3.5可以得到：集中决策下最优订单量大于分散决策下最优订单量，这与推论4的结论是一致的；农户在分散决策下的收益较大，而公司在集中决策下的收益较大。供应链总体收益在分散决策下大于在集中决策下。因此，以分散决策为主。相比较于自由出售，农户在新机制下获得的收益得到了提高；在接受政府补贴的条件下，公司的收益显著高于自由收购的收益。这体现了政府期权金补贴机制可以激励公司接受新机制。而新机制的特点在于可以避免公司的违约行为。所以，政府提供期权金补贴不仅可以提高农户收益，还可以提高公司收益，有效地降低违约率。

进一步对比分析表3.4和表3.5还可得出：价格不确定性增加时，集中决策下的最优订单量不受影响，分散决策下的最优订单量增加。在公司相同预算下，政府临界补贴率增加，这体现了政府在应对公司销售价格不确定性时会增加补贴力度。销售价格波动的增加有利于提高农户和公司收益，这正体现了期权套期保值在规避价格风险中的作用。同时，不管是在集中决策下还是在分散决策下，产出不确定性的增加导致最优订单量减少，这意味着农户通过减少订单量来抵御产出不确定性所带来的损失。政府的补贴率增加，这也体现政府补贴在不确定风险发生时起的补偿作用。随着产出不确定性增加，农户是受益的，因为通过订单模式降低了农户面临的风险。

以下以 $\sigma=0.02, \delta=0.3$ 为例，进一步分析不同预算和不同补贴率对公司收益的影响。

(1) 不同预算、不同补贴率下公司收益情况。分析结果如图 3.9 和图 3.10 所示。

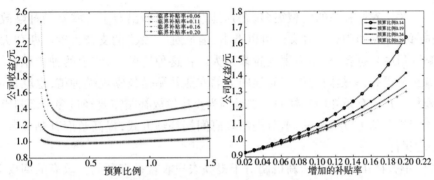

图 3.9　不同预算比例下公司收益　　图 3.10　不同补贴率下公司收益

从图 3.9 和图 3.10 可以发现：随着公司预算比例的增加，公司获得的收益先减少后增加；随着政府增加的补贴率的增加，公司收益增加。这与推论 5 的结论是一致的。表明政府期权金补贴对于提高公司收益是有利的。公司过低的期权金预算不能使公司收益增加，政府需要通过期权金补贴引导公司购买期权套期保值。

(2) 以分散决策下未提供协调机制时各决策者的期望收益为基准，分析协调机制对各决策者的绩效水平的影响。实施协调机制后，各决策者所提升的绩效水平为 (新机制下的收益 − 未提供协调机制时收益)/未提供协调机制时收益。分析结果如图 3.11 和图 3.12 所示。

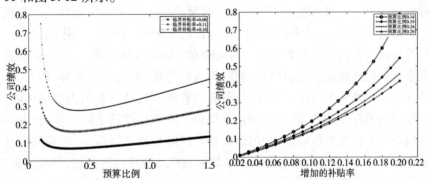

图 3.11　不同预算比例下公司绩效水平　图 3.12　不同补贴率下公司绩效水平

从图 3.11 和图 3.12 可以发现：新机制下公司的绩效水平得到了提升，即 (新机制下的收益 − 未提供协调机制时收益)/未提供协调机制时收益大于 0。此外，公司绩效随着公司预算比例的增加先减少再增加，随着政府增加的补贴率的增加而增加。农户在新机制下获得的收益大于以市场价格自由出售获得的收益。因此,本节提出的订单农业供应链协调新机制有助于提高公司和农户的收益、绩效。

3.2.6 结论与展望

国家关于农业补贴的类型很多,尤其是近些年不断出台了一些新的补贴政策。从我国每年发布的中央一号文件可以看出,国家对"三农"的支持力度不断加大,农业补贴项目越来越多,补贴力度也越来越大。在这种情况下,农户的种粮积极性还未得到充分提高,一是因为很多时候中央的农业补贴是鼓励规模种植,也就是说只有规模种植户才有条件领到补贴。二是因为直接发放补贴需要经过多个部门审批,周期比较长。基于以上考虑,本节提出政府间接补贴方式,提高政府补贴效率。研究结果表明:

(1)不管在什么情形下,新机制对于提高农户收益是有利的。政府的期权金补贴率越高,公司利润和整条供应链收益越大。政府的期权金补贴在降低价格风险和生产风险对公司收益影响方面发挥了积极作用。

(2)最优订单价格在政府的指导下确定为收购价格的平均值可以折中权衡农户与公司收益。

(3)公司过低的期权预算对公司收益不利,但政府通过设计期权金补贴率可以有效地降低公司违约率。

(4)价格不确定性增加时,集中决策下的最优订单量不受影响,分散决策下的最优订单量增加;不管是在集中决策下还是在分散决策下,产出不确定性的增加导致最优订单量减少。公司和农户的绩效水平都为正,这说明了本节所提出的新机制能最大限度提高农户收益、约束公司违约行为和充分发挥政府的协调作用。

当前我国农业风险主要表现在自然风险和市场风险两方面。比如,虽然近年来我国农业抵御自然风险的能力得到增强,但气候异常,极端天气多发、频发,增加了防范的难度。在经济全球化的大背景下,我国农业不仅面临着国内市场风险,也面临着国际市场风险,市场风险的不确定性增强。农产品经营主体增多,粮食收购由过去的国企收购转变为由经纪人、国内粮商和国际粮商共同参与,市场调控变得更难。游资频频进入农产品市场,也会导致部分农产品价格出现暴涨、暴跌。近些年,国家大力扶持农业生产,不但从政策上给予扶持,还有大量的政府补贴和资金扶持,这些给农业企业和农业从业者带来了福音。与传统的补贴机制不同,本节提出了政府期权金补贴新形式,就促进订单农业供应链协调发展展开研究。本节假设公司和农户都是风险中性的。如果公司和农户为风险规避决策者时,如何设计有效的契约来协调"公司+农户"型订单供应链是一个值得进一步研究的方向。

3.3 考虑权利金补贴的农产品供应链生产决策模型

本节基于保底收购、随行就市的价格机制存在高违约率的现实,首先在构建政府提供农户权利金补贴机制下,公司、农户和政府的三阶段 Stackelberg 博弈模型。然后给出风险厌恶型农户最大化 CVaR 和风险中性公司最大期望收益目标下农户最优生产规模、公司最优收购价格的显式表达式,并分析参数对三方(农户、公司和社会福利)利益的影响。

3.3.1 基本模型

本节中假定农产品市场价格服从截尾正态分布。因此,首先给出截尾正态分布的相关定义及性质。

1. 截尾正态分布

参考 Horrace(2015)的研究,已知随机变量服从 $N(\mu,\sigma^2)$,若取 $X \in [a,b]$[①],则称 X 服从区间 $[a,b]$ 上的截尾正态分布。其密度函数[②]为

$$f(x) = \frac{1}{\left[\phi\left(\frac{b-\mu}{\sigma}\right) - \phi\left(\frac{a-\mu}{\sigma}\right)\right]\sigma} \varphi\left(\frac{x-\mu}{\sigma}\right), \quad x \in [a,b] \quad (3.19)$$

由(3.19)式可得截尾正态分布的均值为

$$E(X) = \sigma \frac{\varphi\left(\frac{a-\mu}{\sigma}\right) - \varphi\left(\frac{b-\mu}{\sigma}\right)}{\phi\left(\frac{a-\mu}{\sigma}\right) - \phi\left(\frac{b-\mu}{\sigma}\right)} + \mu \quad (3.20)$$

下面给出农业生产企业、零售商和政府在各自目标函数下的最优决策。

命题 1 如果政府给农户提供"保底收购、随行就市"价格机制的权利金补贴,对于给定补贴率,则风险厌恶型农户为了最大化 CVaR,其确定的生产规模为

$$Q^* = \frac{\Delta}{\eta c} - \frac{\gamma d}{c} \quad (3.21)$$

其中

$$\Delta = \frac{1}{\phi\left(\frac{\mu}{\sigma}\right)} \left\{ \sigma\left[\varphi\left(\phi^{-1}\left(\eta\phi\left(\frac{\mu}{\sigma}\right) + \phi\left(-\frac{\mu}{\sigma}\right)\right)\right) - \varphi\left(\frac{w-\mu}{\sigma}\right)\right] + \right.$$

---

① 这里 a 可以取 $-\infty$,b 可以取 $+\infty$。
② $\varphi(u)$ 表示标准正态分布的密度函数,$\phi(u)$ 表示标准正态分布的分布函数。

$$\mu\left[\eta\phi\left(\frac{\mu}{\sigma}\right)+\phi\left(-\frac{\mu}{\sigma}\right)-\phi\left(\frac{w-\mu}{\sigma}\right)\right]\right\}$$

以下的研究将给出命题1的推导过程。

2. 公司最优定价模型

基于以上假设,可以得到公司收益为

$$\pi_c = (u-vQ)Q - Q[\max(w^r,\tilde{w})-\gamma] \tag{3.22}$$

风险中性的公司其决策问题可表述成

$$\max_{w^r} E(\pi_c) \tag{P_2}$$

从(3.22)式不难发现公司的期望效用关于决策变量 w 单调递减,则公司确定的最优订单价格为公司与农户协商的最低收购价格 $\underline{w}$,即

$$w^{r*} = \underline{w} \tag{3.23}$$

3. 农户最优生产决策模型

农户与公司签订"保底收购,随行就市"的销售模式,这种模式给农户提供了一种以相对高价卖出农产品的权利,为此农户需支付权利金 γ。已有的研究大部分假设政府为农户提供直接补贴。事实上,直接补贴也是实践中普遍存在的一种方式。但这种方式只是针对农户进行生产资料补贴,没有考虑到公司的利益,而订单农业的主体是农户和公司两个方面,双方的利益都不容忽视。因此,为了提高订单的履约率,政府给农户提供部分权利金补贴,补贴比例为 $1-d$,也就是农户自身还承担的权利金比例为 d。于是,农户的收益函数为

$$\pi_f = Q[\max(w^r,\tilde{w})-\gamma d] - \frac{1}{2}cQ^2 \tag{3.24}$$

为了降低农户面临的风险,本节中农户的决策变量是预期产出 Q,农户根据 Q 的规模组织生产,其目标是最小化 $CVaR$。参考 Tregurtha 和 Vink 的研究成果,具有风险规避的农户目标函数可表示为

$$CVaR_\eta[\pi_f(Q)] = \max_\zeta\left\{v + \frac{1}{\eta}E[\min(\pi_f(Q)-\zeta,0)]\right\} \tag{3.25}$$

其中,ζ 表示随机收益 π_f 的 η 分位数。η 的取值可以反映农户的风险规避程度,η 越小,表示农户越害怕风险。

农户确定其最优生产规模 Q^* 以最小化 $CVaR$ 风险,模型描述为

$$\max_Q CVaR_\eta[\pi_f(Q)] = \max_Q \max_\zeta\left\{\zeta + \frac{1}{\eta}E[\min(\pi_f(Q)-\zeta,0)]\right\} \tag{P_1}$$

定义一个凹函数

$$g(Q,\zeta) = \zeta + \frac{1}{\eta}E[\min(\pi_f(Q)-\zeta,0)] \tag{3.26}$$

第3章 基于期权套期保值的农产品生产决策模型

为了使推导过程更简便,本节利用变量分离法求解优化模型。令 $Y = \max(w^r, \tilde{w})$[①],且记 Y 的密度函数为 $f_Y(y)$,分布函数为 $F_Y(y)$。将(3.24)式代入(3.26)式可得

$$g(Q,\zeta) = \zeta + \frac{Q}{\eta} E\left[\min\left(Y - \gamma d - \frac{1}{2}cQ - \frac{\zeta}{Q}, 0\right)\right]$$

$$= \zeta + \frac{Q}{\eta} \int_0^{\gamma d + \frac{1}{2}cQ + \frac{\zeta}{Q}} \left(y - \gamma d - \frac{1}{2}cQ - \frac{\zeta}{Q}\right) f_Y(y) \mathrm{d}y \quad (3.27)$$

将(3.27)式对 ζ 求一阶导为

$$\frac{\partial g(Q,\zeta)}{\partial \zeta} = 1 - \frac{1}{\eta} \int_0^{\gamma d + \frac{1}{2}cQ + \frac{\zeta}{Q}} f_Y(y) \mathrm{d}y$$

令 $\dfrac{\partial g(Q,\zeta)}{\partial v} = 0$ 可得

$$\zeta = F_Y^{-1}(\eta)Q - \frac{cQ^2}{2} - \gamma d Q \quad (3.28)$$

根据(3.27)式对 Q 的一阶条件有

$$\frac{\partial g(Q,\zeta)}{\partial \zeta} = \int_0^{\gamma d + \frac{1}{2}cQ + \frac{\zeta}{Q}} (y - \gamma d - cQ) f_Y(y) \mathrm{d}y \quad (3.29)$$

将(3.28)式代入(3.29)式并令 $\dfrac{\partial g(Q,\zeta)}{\partial Q} = 0$ 可得

$$\int_0^{F_Y^{-1}(\zeta)} y f_Y(y) \mathrm{d}y = (\gamma d + cQ)\eta$$

记 $\Delta = \displaystyle\int_0^{F^{-1}Y(\eta)} y f_Y(y) \mathrm{d}y$,从而可以得到最优订单量为

$$Q^* = \frac{\Delta}{c\eta} - \frac{\gamma d}{c} \quad (3.30)$$

因为农产品市场价格非负,所以假设 $\tilde{w}$ 在区间 $(0, +\infty)$ 上服从均值为 μ、方差为 σ^2 的截尾正态分布。那么,根据(3.19)式可得 $\tilde{w}$ 的密度函数为

$$f(x) = \frac{1}{\phi\left(\frac{\mu}{\sigma}\right)\sigma} \varphi\left(\frac{x-\mu}{\sigma}\right), \quad x \in (0, +\infty) \quad (3.31)$$

下面推导 $Y = \max(w^r, \tilde{w})$ 的密度函数。首先,根据分布函数的定义有

$$F_Y(y) = P(Y \leq y) = P[\max(w^r, \tilde{w}) \leq y] = P(w^r \leq y, \tilde{w} \leq y)$$

所以,当 $y < w^r$ 时,$F_Y(y) = 0$;当 $y \geq w^r$ 时,有

[①] 这种形式的变量代换可以有效地分离出决策变量。

$$F_Y(y) = \int_0^y \frac{1}{\sigma\phi\left(\frac{\mu}{\sigma}\right)}\varphi\left(\frac{x-\mu}{\sigma}\right)\mathrm{d}x = \frac{1}{\sigma\phi\left(\frac{\mu}{\sigma}\right)}\left[\phi\left(\frac{y-\mu}{\sigma}\right) - \phi\left(\frac{-\mu}{\sigma}\right)\right] \quad (3.32)$$

综上,Y 的密度函数可以写成

$$f_Y(y) = \begin{cases} 0, & y < w^r \\ \frac{1}{\sigma\phi\left(\frac{\mu}{\sigma}\right)}\varphi\left(\frac{y-\mu}{\sigma}\right), & y \geqslant w^r \end{cases} \quad (3.33)$$

由(3.32)式有

$$F_Y^{-1}(\eta) = \phi^{-1}\left[\eta\phi\left(\frac{\mu}{\sigma}\right) + \phi\left(-\frac{\mu}{\sigma}\right)\right]\sigma + \mu \quad (3.34)$$

从而,由(3.33)式可得

$$\Delta = \int_{w^r}^{F_Y^{-1}(\eta)} y \frac{1}{\sigma\phi\left(\frac{\mu}{\sigma}\right)}\varphi\left(\frac{y-\mu}{\sigma}\right)\mathrm{d}y$$

$$= \frac{1}{\sqrt{2\pi}\sigma}\frac{1}{\phi\left(\frac{\mu}{\sigma}\right)}\int_{w^r}^{F_Y^{-1}(\eta)} y\mathrm{e}^{\frac{(y-\mu)^2}{2\sigma^2}}\mathrm{d}y \quad (3.35)$$

进一步地,根据(3.20)式,则有

$$\Delta = \frac{1}{\phi\left(\frac{\mu}{\sigma}\right)}\left\{\sigma\left[\varphi\left(\frac{F_Y^{-1}(\eta)-\mu}{\sigma}\right) - \varphi\left(\frac{w^r-\mu}{\sigma}\right)\right] + \mu\left[\phi\left(\frac{F_Y^{-1}(\eta)-\mu}{\sigma}\right) - \phi\left(\frac{w^r-\mu}{\sigma}\right)\right]\right\}$$

$$(3.36)$$

将(3.34)式和(3.36)式代入(3.30)式即可得到农户确定的订单量。

推论1 农户的最优目标函数为

$$CVaR_\eta[\pi_f(Q^*)] = \frac{1}{2}cQ^{*2} \quad (3.37)$$

其中 Q^* 如(3.30)式所示。

事实上,

$$CVaR_\eta[\pi_f(Q^*)] = v^* + \frac{Q^*}{\eta}\int_0^{F^{-1}(\eta)}[y - F^{-1}(\eta)]f_Y(y)\mathrm{d}y$$

$$= \frac{Q^*}{\eta}\Delta - \frac{cQ^{*2}}{2} - \gamma dQ^* \quad (3.38)$$

而由(3.30)式有

第3章 基于期权套期保值的农产品生产决策模型

$$\frac{Q^*}{\eta}\Delta = cQ^{*2} + \gamma dQ^* \tag{3.39}$$

将(3.39)式代入(3.38)式即可得到(3.37)式。

推论2 公司的最优目标函数为

$$E(\pi_c^*) = (u - vQ^*)Q^* - Q^*\left[\frac{\mu\phi\left(\frac{\mu - w^r}{\sigma}\right) - \sigma\varphi\left(\frac{w^r - \mu}{\sigma}\right)}{\phi\left(\frac{\mu}{\sigma}\right)} - \gamma\right] \tag{3.40}$$

其中,Q^* 如(3.30)式所示。

事实上,在最优订单量下公司最大的期望收益可以表示成

$$\begin{aligned}E(\pi_c^*) &= (u - vQ^*)Q^* - Q^*[E(Y) - \gamma] \\ &= (u - vQ^*)Q^* - Q^*\left[\int_{w^r}^{+\infty} \frac{1}{\sigma\phi\left(\frac{\mu}{\sigma}\right)}\varphi\left(\frac{y - \mu}{\sigma}\right)dy - \gamma\right]\end{aligned} \tag{3.41}$$

在(3.41)式的基础上,参考(3.35)式即可得到(3.40)式。

推论3[①] 农户确定的最优订单量随着政府补贴率的增大而增大,随着权利金和努力成本系数的增大而减少;政府最优补贴随着农户努力成本系数和价格敏感系数的增大而减少。

4. 政府补贴的社会福利

参考张艳的定义,社会福利的构成要素包括消费者剩余和系统总利润。最大社会福利是资源配置所能达到的最高目标,也就是资源最优配置能达到的理性状态。社会福利最大化即是帕累托最优状态。各个相关者之间博弈,目的是追求自己的利益最大化,多元利益最优的状态就是帕累托最优状态。已有很多文献的研究都涉及社会福利最大化问题,比如刘天亮等、赵晓敏等和周艳菊等。本节中社会福利的计算参考 Ye 等,其中社会福利计算公式为

$$SW_2 = \pi_{f,2}(q_2^*) + \pi_{r,2}(w_2^*) + CS_2(q_2^*) - (1-k)sc(q_2^*)^2(1+R)$$

$\pi_{f,2}$ 和 $\pi_{r,2}$ 分别代表农业企业和零售商的期望利润,CS 代表消费者剩余,SW 代表社会福利。

---

① 由于最优订单量、最优补贴率和三方目标与其他参数的关系式比较复杂,所以这里不推导它们的显式关系。其他变量的敏感性分析将在数值算例部分进行。

3.3.2 数值算例分析

为了说明所设计的政府补贴机制在提高"公司+农户"型订单农业履约率方面的有效性,本节将通过数值仿真做进一步的分析。参考林强和叶飞,设生产成本系数分别为 $c=0.005$。农产品收购市场价格 $\tilde{w} \sim N(0.35, \sigma^2)$。其中,$\sigma=0.02, 0.05$($\sigma=0.02$ 时表示市场收购价的不确定性较小;$\sigma=0.05$ 时表示市场收购价的不确定性较大)。$u=1\,000, v=1$。

首先,分析在不同补贴率下对于不同风险类型的农户的最优订单、农户和公司收益以及对社会福利的影响,如图 3.13 ~ 3.16 所示。

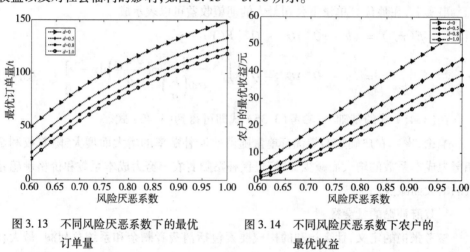

图 3.13 不同风险厌恶系数下的最优订单量

图 3.14 不同风险厌恶系数下农户的最优收益

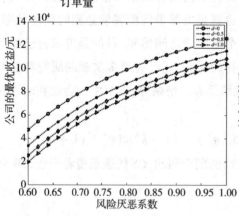

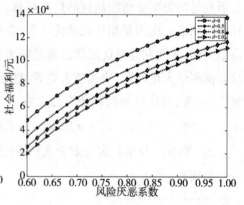

图 3.15 不同风险厌恶系数下公司的最优收益

图 3.16 不同风险厌恶系数下的社会福利

第3章 基于期权套期保值的农产品生产决策模型

从图 3.13~3.15 可以看出,随着农户风险厌恶系数的增大,最优订单量、农户和公司的目标增大。而政府保证金补贴率的增大可以提高农户最优订单量及三方目标。这也体现了政府补贴在促进农业生产中的作用。

其次,分析农产品价格波动对决策变量和三方利益的影响情况,如图 3.17~3.20 所示。

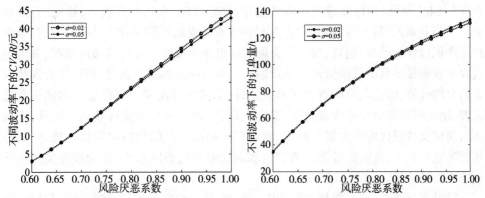

图 3.17　不同价格风险下风险厌恶系数对　　图 3.18　不同价格风险下风险厌恶系数对
　　　　　$CVaR$ 的影响　　　　　　　　　　　　　　　　订单量的影响

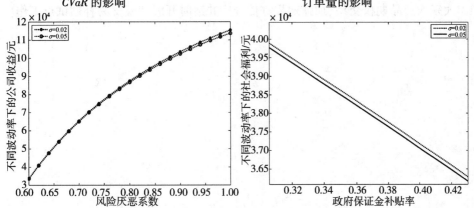

图 3.19　不同价格风险下风险厌恶系数对　　图 3.20　不同价格风险下政府保证金补贴率
　　　　　公司收益的影响　　　　　　　　　　　　　　对社会福利的影响

从图 3.17~3.19 可以看出,随着价格波动增大,最优订单量和两方利益减少。这说明价格波动风险对促进农业生产不利,政府应该出台相关政策稳定农业价格。从图 3.20 还可以看出,随着权利金的增大(政府保证金补贴率减少),社会福利增大。但是价格波动对提高社会福利仍然不利。

3.3.3 小结

本节研究了嵌入期权套期保值及考虑政府期权金补贴的订单农业协调机制设计问题。期权作为期货市场的延伸和补充,因为其设计独特,具有规范性、灵活性和低风险性等特征,将为我国现代农业发展提供明显的支持作用。我国政府历来十分重视"三农"问题,如何促进我国农业健康、稳定发展,提高农户收入,避免"谷贱伤农",一直是政府部门关注的焦点。在我国政府探索运用多种方式补贴农业、提高农户生产积极性的同时,期货、保险等金融工具也逐渐被纳入补贴政策的范畴,并为现代农业发展提供新的风险管理工具。期权作为一种金融衍生工具,可以作为现代农业的套期保值、防范风险的有力工具。此外,从国外利用期权补贴农业的实施状况来看,期权可以有效促进农业健康、稳定发展,并提高农户的实际收入。因此,探讨运用期权支持现代农业发展的路径,将有利于提高农户的价格风险抵御能力,更好地保障农户收入,进而提升我国期货市场利农服务的整体水平,并为服务实体经济创造更大的价值。

通过本节研究表明,期权在保护农户利益、规避农产品价格下跌风险、鼓励农户参与农产品定价等方面发挥了积极的作用。因此,要促进订单农业协调发展,建议推出大宗农产品期权交易、加强期权宣传推广并适时开展期权交易补贴试点工作。

第 4 章　基于期货和期权的最优生产决策模型

第 3 章研究了期货套期保值下的最优生产决策问题。目前,我国农业生产方式主要以小农户为基础单位独立进行,这种"小生产"在"大市场"中处于极端弱势地位,难以抵抗各方面的风险。比如,农产品价格下滑导致农户贱卖辛苦劳动的成果;当农产品供大于求时,农户不得不看着已收获的农产品白白被浪费。因此,对农户而言,农产品的价格风险和需求风险是两个主要的风险。很多学者从保护农户利益的角度出发,设计出多种农产品供应链机制降低价格风险和需求风险。本节尝试引入衍生品进行套期保值,转移供应链内部风险。

已有的研究把期权作为单一套期保值工具,并利用期权来协调农户和公司的利益。而农产品供应链决策中包括线性风险和非线性风险。大量研究(如 Lapan 等、Ahn、Tsay 的研究)指出,由于期货的支付函数与标的资产的价格的联动关系是线性的,所以期货在对冲线性风险方面的优势比期权大;反之,当投资者面临非线性风险时,期权对冲的效果比期货更显著。目前,在农产品供应链中同时利用期权和期货套期保值的研究非常少。本节改变传统的直接补贴形式,通过给农户补贴期权金提出新的政府补贴机制,建立期权和期货套期保值模型,对冲农产品价格和需求风险。研究风险厌恶型农户最优生产决策、最优套期保值策略及政府的最优补贴机制问题,分析模型参数对决策变量的影响,给农户生产和政府补贴机制的设计提供合理的决策建议。

4.1　基本模型

假设农户为风险厌恶型的生产者,效用函数满足 $U'(\tilde{\pi}) > 0$、$U''(\tilde{\pi}) < 0$。政府给予农户期权金补贴,农户在政府的指导下同时利用期权和期货进行套期保值。$\tilde{\pi}$ 为农户在生产期末时的随机利润,具体表达式如下

$$\tilde{\pi} = \tilde{b}\min(Q,\tilde{D}) + (f_0 - \tilde{p})X + [(K - \tilde{p})^+ - \omega\varphi]Y - C(Q) \tag{4.1}$$

其中, $\tilde{b}$ 和 $\tilde{p}$ 分别表示生产期末现货和期货价格; f_0 为当前期货价格; Q 表示生产量, 是农户生产期初的决策变量; $\tilde{D}$ 表示在农户生产期末时农产品的随机需求; X 和 Y 分别表示为了对冲价格风险和需求风险所持有的期货和期权的头寸。

看跌期权的敲定价格为 K。买入欧式看跌期权套期保值需要支付期权金, φ 是看跌期权的期权金。政府对农户的期权金补贴率用 $1-\omega(0\leq\omega\leq1)$ 表示。$C(Q)$ 是农户的生产成本, 满足不等式 $C'(Q)>0$、$C''(Q)>0$。

假设农户用于购买期权的预算为 c, 在满足预算约束的条件下达到期望效用最大化的目标。从而, 建立最优套期保值模型如下

$$\max_{Q,X,Y} E[U(\tilde{\pi})] \tag{P_1}$$
$$\text{s. t. } \omega\varphi Y \leq c$$

注 1 模型 (P_1) 的解唯一存在。

事实上, 由于效用函数满足不等式 $U'(\tilde{\pi})>0$, $U''(\tilde{\pi})<0$, 并且成本满足 $C'(Q)>0$ 和 $C''(Q)>0$, 很容易得到目标函数 $E[U(\tilde{\pi})]$ 关于决策变量 Q、X、Y 呈凹函数。因此, 模型 (P_1) 的最优解是唯一存在的。

注 2 约束条件在求解时取等号。事实上, 当购买期权的成本达到最大预算时, 期权的数量达到最多。对于农户而言, 尽可能购买多的期权比较有利。所以, 农户未来达到效用最大化的目标, 用于购买期权的成本达到最大预算。

注 3 期权的标的资产不一定是农产品本身, 可以是农产品对应的期货或与农产品相关度较高的交叉期货。这样考虑的原因主要是期货期权比标的期权的流动性更好。而且, 有时候与标的所对应的期货不一定存在, 只能通过交叉期货对冲风险。

命题 1 当不存在基差风险时, 对于风险厌恶型农户, 最优生产量 Q^* 满足不等式 $C'(Q^*)<f_0$。

证明 记

$$\tilde{\pi}_1 = \tilde{b}Q + (f_0 - \tilde{p})X + [(K-\tilde{p})^+ - \omega\varphi]Y - C(Q)$$

$$\tilde{\pi}_2 = \tilde{b}\tilde{D} + (f_0 - \tilde{p})X + [(K-\tilde{p})^+ - \omega\varphi]Y - C(Q)$$

分别令目标函数 $E[U(\tilde{\pi})]$ 对 Q、X 的一阶导等于 0 有

$$E[U'(\tilde{\pi}_1)\tilde{b}] - C'(Q)E[U'(\tilde{\pi})] = 0 \tag{4.2}$$

$$f_0 E[U'(\tilde{\pi})] - E[U'(\tilde{\pi})\tilde{p}] = 0 \tag{4.3}$$

当不存在基差风险时有 $\tilde{p}=\tilde{b}$。将 (4.2) 式与 (4.3) 式相加得到如下等式

第4章 基于期货和期权的最优生产决策模型

$$[f_0 - C'(Q)]E[U'(\tilde{\pi})] - E[U'(\tilde{\pi}_2)\tilde{p}] = 0$$

又根据 $E[U'(\tilde{\pi})] > 0$ 和 $E[U'(\tilde{\pi}_2)\tilde{p}] > 0$ 可得

$$C'(Q^*) < f_0$$

命题1说明当不存在基差风险时,农户最优生产量对应的边际成本比期货当前价格小,这可以给农户确定生产规模提供参考。

推论 对于风险厌恶型农户,利用期货和期权套期保值可以增加农户生产量。

事实上,若不利用衍生品套期保值,农户收益为

$$\tilde{\pi}^0 = \tilde{b}\min(Q^0,\tilde{D}) - C(Q^0)$$

设 $f(x,y)$ 是 $\tilde{b}$ 与 $\tilde{D}$ 的联合密度函数,则效用函数可表示成如下形式

$$EU(\tilde{\pi}^0) = \int_0^{+\infty}\int_0^{Q^0} U[xy - C(Q^0)]f(x,y)\mathrm{d}y\mathrm{d}x + \int_0^{+\infty}\int_{Q^0}^{+\infty} U[xQ^0 - C(Q^0)]f(x,y)\mathrm{d}y\mathrm{d}x$$

同样地,可以证明 $EU(\tilde{\pi}^0)$ 是关于 Q^0 的凹函数。令期望效用函数对 Q^0 的导函数等于0,得到如下等式

$$\int_0^{+\infty} U[xQ^0 - C(Q^0)]f(x,Q^0)\mathrm{d}x - \int_0^{+\infty}\int_0^{Q^0} U'[xy - C(Q^0)]C'(Q^0)f(x,y)\mathrm{d}y\mathrm{d}x - \int_0^{+\infty} U[xQ^0 - C(Q^0)]f(x,Q^0)\mathrm{d}x - \int_0^{+\infty}\int_{Q^0}^{+\infty} U'[xQ^0 - C(Q^0)]C'(Q^0)f(x,y)\mathrm{d}y\mathrm{d}x = 0$$

从而,$C'(Q^{0*})EU'(\tilde{\pi}^0) = 0$。而 $EU'(\tilde{\pi}^0) > 0$,于是有 $C'(Q^{0*}) = 0$。联合 $C'(Q^*) < f_0$ 和 $C'(Q^{0*}) = 0$ 可得,不等式 $C'(Q^{0*}) \leq C'(Q^*)$。根据成本函数满足的性质可推出 $Q^{0*} \leq Q^*$。也就是说,利用期权和期货套期保值能提高农户的最优生产量,从而,政府通过鼓励农户参与衍生品套期保值可以提高农户的生产积极性。

命题2 对于谨慎型农户,当无偏的期货市场不存在基差时,期货最优头寸满足 $X^* < E(\tilde{D})$。

证明 由命题1有 $E[U'(\pi^*)(f_0 - \tilde{p})] = 0$。又由期货市场无偏性可得如下等式

$$\mathrm{cov}[U'(\pi^*),\tilde{p}] \tag{4.4}$$

根据协方差性质:对任意两个随机变量 $\tilde{X}$ 和 $\tilde{Y}$,$\mathrm{cov}(\tilde{X},\tilde{Y}) = \mathrm{cov}[E(\tilde{X}|\tilde{Y}),\tilde{Y}]$ 成立,由(4.4)式有

$$\frac{\partial E[U'(\pi^*)|\tilde{p}]}{\partial \tilde{p}} = 0 \tag{4.5}$$

而

$$\frac{\partial E[U'(\pi^*)|\tilde{p}=p]}{\partial p} = E[U''(\pi^*)|\tilde{p}=p]E\left[\frac{\partial(\pi^*)}{\partial \tilde{p}}\right] + \text{cov}\left[U''(\pi^*), \frac{\partial(\pi^*)}{\partial \tilde{p}}|\tilde{p}=p\right] \tag{4.6}$$

$$\text{cov}\left[U''(\pi^*), \frac{\partial(\pi^*)}{\partial p}|\tilde{p}=p\right] = \text{cov}[U''(\pi^*), \min(Q^*, \tilde{D})]$$

又有 $\dfrac{\partial E[U''(\pi^*)]}{\partial \tilde{D}} = E\{[U'''(\pi^*)]\tilde{p}\min(Q^*, \tilde{D})\}$，且 $\min(Q^*, \tilde{D})$ 关于 $\tilde{D}$ 单调不减，所以(4.6)式右端第二项符号为正。

由效用函数的性质有 $E[U''(\pi^*)|\tilde{p}=p]<0$，再结合(4.5)式和(4.6)式有

$$E\left[\frac{\partial \pi^*}{\partial \tilde{p}}\right] = E\left[\min(Q^*, \tilde{D}) - X^* + \frac{\partial(K-\tilde{p})^+}{\partial \tilde{p}}Y\right] > 0$$

于是

$$X^* < E[\min(Q^*, \tilde{D})] \tag{4.7}$$

设随机需求 $\tilde{D} \in [\underline{D}, \overline{D}]$ 的密度函数为 $f(y)$，则(4.7)式可表示成如下形式

$$X^* < \int_{\underline{D}}^{Q^*} y f(y) \mathrm{d}y + \int_{Q^*}^{\overline{D}} Q^* f(y) \mathrm{d}y = \int_{\underline{D}}^{\overline{D}} y f(y) \mathrm{d}y + \int_{Q^*}^{\overline{D}} (Q^*-y) f(y) \mathrm{d}y < E(\overline{D})$$

命题1和命题2在一般效用函数下给出了最优产出和期货最优头寸满足的不等式。下面在负指数效用函数下针对大豆现货套期保值问题进行仿真和实证分析。

4.2 负指数效用函数下的最优决策模型

1. 模型的建立

前面研究了一般效用函数下农户的最优生产决策和套期保值问题,并没有给出效用函数的具体形式,说明相关结论与效用函数形式、农户风险厌恶系数无关。为了进一步讨论农户最优决策问题,假定农户效用函数为负指数效用函数 $U(x) = -e^{-\lambda x}$,其中 x 表示利润函数,$\lambda > 0$ 为风险厌恶系数。下面将分别从农户和政府角度讨论最优决策问题。

由于期货期权的流动性比一般期权的流动性好,本节采用期货或交叉期货期权进行套期保值。在现实中,一般都会存在基差风险。根据 Benningga、Eldor 和 Zilcha 的研究,假设现货价格和期货价格满足如下关系

$$\tilde{b} = \alpha + \widetilde{\beta p} + \tilde{\theta}$$

其中,$\tilde{\theta}$ 均值为 0,并与 $\tilde{b}$、$\tilde{p}$ 都独立,可以用 $\tilde{\theta}$ 来衡量基差风险大小。

为了能方便地利用 BS 公式得到期权价格,假设期货价格和农产品需求量都服从对数正态分布。

$$\tilde{p} = p_t \exp\left[\left(\mu - \frac{1}{2}\sigma^2\right)(T-t) + \sigma\varepsilon\sqrt{T-t}\right]$$

$$\tilde{D} = D_t \exp\left[\left(\mu' - \frac{1}{2}\sigma'^2\right)(T-t) + \sigma'\varepsilon'\sqrt{T-t}\right]$$

在这里,p_t 和 D_t 分别表示当前时刻 t 的期货价格和需求量,μ 和 μ' 是它们各自的漂移率,σ 和 σ' 为波动率,T 表示到期日时刻,ε 和 ε' 服从标准正态分布且相关系数为

$$\mathrm{corr}\begin{pmatrix}\varepsilon\\\varepsilon'\end{pmatrix} = \begin{pmatrix}1 & \rho_1\\\rho_1 & 1\end{pmatrix}$$

综上,根据预算约束,决策变量 Y 满足等式 $Y = \dfrac{c}{\omega\varphi}$。农户的最优决策模型如下

$$\max_{Q,X}\{E(-e^{-\lambda\tilde{\pi}})\}$$

其中

$$\tilde{\pi} = \tilde{b}\min(Q,\tilde{D}) + (f_0 - \tilde{p})X + (K - \tilde{p})^+\frac{c}{\omega\varphi} - c - C(Q)$$

2. 仿真和实证分析

采用 Monte Carlo 模拟的方法进行实证分析,研究农户和政府的最优决策问题。选取大豆现货、黄大豆1号期货、黄大豆2号期货和黄豆期货持仓量为研究对象,数据来自万德数据库,时间区间为 2009 年 1 月 5 日到 2016 年 4 月 5 日。由于现货和期货有些交易不同步,对数据做同步化处理最终得到 1 693 个数据作为历史数据。用黄豆期货持仓量表示黄豆的随机需求量。假设当前时刻就为 2016 年 4 月 5 日,农户为一年后的生产做出套期保值策略,包括决定产量、期权和期货的头寸,其他参数如下:大豆当前的需求量为 9 913 单位(不失一般性,可以理解为 9 913 斤①)。现货当前价格为 3.387 89 元/斤。通过历史数据计算得到需求量和现货的漂移率均为 0,波动率分别为 0.46 和 0.049 2,相关系数为 0.248 6。取无风险利率等于 0.018 7,投资期长 T 为 1 年,农户用于购买看跌期权的预算占当前价值的 $d = 0.01$。令期权敲定价格 $K = 3.387\ 89$,即敲定价格等于现货当前价格。成本函数为 $C(Q) = 100 - 0.5Q + 0.001Q^2$。期权当前价格由 BS 公式得到,不考虑期权和期货交易手续费、期货保证金限制。

(1) 期权和期货套期保值对效用函数的影响。

命题 1 中证明了在不存在基差风险时利用期权和期货套期保值可以提高农户的最优生产量。下面通过数值仿真进一步证明利用期权和期货套期保值还可以提高农户效用。图 4.1 给出了套期保值和不套期保值两种情形下农户的效用函数。

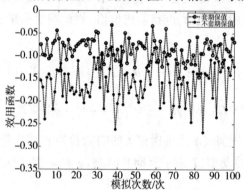

图 4.1 套期保值和不套期保值情形下农户的效用函数

从图 4.1 可以清晰地看到,利用期权和期货套期保值时农户的效用函数明显高于不进行套期保值时农户的效用函数,这说明鼓励农户参与衍生品套期保值具有提高农户效用的实际意义。

(2) 不同补贴率下风险厌恶系数对效用函数的影响。

在基本参数不变的条件下,改变农户风险厌恶系数 λ,分析在不同的期权金补

---

① 1 斤 = 0.5 kg。

贴率下,风险厌恶系数对农户决策的影响,如图4.2所示。

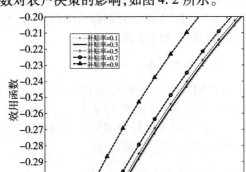

图4.2 风险厌恶系数对农户决策的影响

从图4.2不难发现,效用函数随着风险厌恶系数的增大而增大,这说明对于风险厌恶系数较大的农户,利用期权和期货套期保值更有利。随着政府补贴率的提高,农户最优效用变大,说明政府补贴可以提高农户效用。

另外,由模型求解出的期货最优头寸恒等于预设的最大值,这说明政府补贴率并不影响农户的最优产出,即政府不能通过提高期权金补贴刺激农户生产。同时,为了达到最大效用,在保证金允许的条件下,农户尽可能增加期货头寸。

(3) 基差风险对最优决策的影响。

在实际套期保值实践中,考虑到期货期权的流动性比标的产品期权的流动性好,一般利用期货期权进行套期保值。在市场上若没有与标的产品完全匹配的期货时,则需要进行交叉套期保值。而在交叉套期保值中,基差风险不容忽视。本节分别选取黄大豆1号期货和黄大豆2号期货对黄豆现货进行套期保值,研究基差风险对决策的影响。黄大豆1号期货、黄大豆2号期货和大豆现货的日收盘价格如图4.3所示。

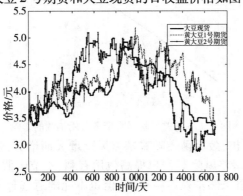

图4.3 大豆现货、黄大豆1号期货、黄大豆2号期货的价格趋势

从图 4.3 发现,大豆现货、黄大豆 1 号期货和黄大豆 2 号期货的价格趋势基本相同。下面先分析利用黄大豆 1 号期货进行套期保值的情形。根据黄豆现货与黄大豆 1 号期货的历史数据进行回归分析,得到回归方程

$$\hat{b} = 0.8988\tilde{p}_1 + 0.213003 + \varepsilon_1 \tag{4.8}$$

其中,$\tilde{p}_1$ 表示黄大豆 1 号期货价格;ε_1 为回归方程残差,通过计算可以得到残差的平均值为 0,标准差为 0.2157。将(4.8)式代入(4.1)式求解最优决策模型(P_1)。

然后,分析利用黄大豆 2 号期货进行套期保值的情形。根据黄豆现货与黄大豆 2 号期货的历史数据进行回归分析,得到回归方程

$$\hat{b} = 0.4353\tilde{p}_2 + 2.1942 + \varepsilon_2 \tag{4.9}$$

其中,$\tilde{p}_2$ 表示黄大豆 2 号期货价格;ε_2 为回归方程残差,通过计算可以得到残差的平均值为 0,标准差为 0.3133。将(4.9)式代入(4.1)式求解最优决策模型。

通过对比发现,利用黄大豆 2 号期货套期保值的效果比利用黄大豆 1 号期货套期保值的效果好,这说明当利用期货期权和期货进行交叉套期保值时,基差风险大的期货套期保值得到的效用更大。这符合目标效用函数最大化的实际对冲情况。因为当期货与现货基差较小时,利用期货对冲不仅对冲掉了风险,还对冲掉了利润。而当投资者持有现货,持有期货短头寸对冲,对冲平仓日基差扩大,投资者将盈利。为了进一步验证这个结论,取黄大豆 2 号基差波动率在区间内变化,得到效用函数与基差风险的关系如图 4.4 所示。

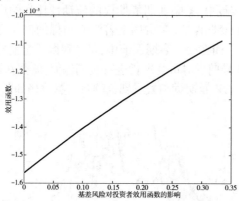

图 4.4　基差风险对投资者效用函数的影响

从图 4.4 可以看出,效用函数随着基差风险增大而增大,这说明利用期货期权和期货套期保值时,基差风险对农户提高效用有利。本节中假设基差服从均值为 0 的正态分布,这意味着虽然基差风险有利,但也不能随意选择期货品种进行交叉套期保值。通过数值分析发现,最优生产量与期货头寸不受基差风险的影响。

第4章 基于期货和期权的最优生产决策模型

(4) 期货波动率对最优决策的影响。

本节利用期货期权和期货进行套期保值,因此,期货的波动率势必影响套期保值决策,图4.5显示了效用函数与期货波动率的关系。

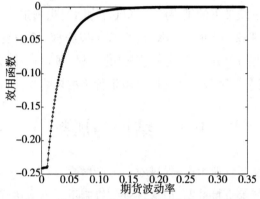

图4.5 期货波动率对投资者效用函数的影响

从图4.5可以看出,随着期货波动率增大,效用函数增大。而当期货波动率在[0.001,0.009]之间变化时,最优生产量为21 200,最优期货头寸为预设区间最小值;当期货波动率在[0.009,0.346 1]之间变化时,最优生产量为21 800,最优期货头寸在预设区间右端点处取到。这说明当期货波动率较小时,农户最优生产量较小,选择对冲的期货头寸也较小。一般认为期货在价格上引导现货,当期货波动率增大时,农户通过增加产量对冲风险。

(5) 期权敲定价格对效用函数的影响。

政府掌握的专业知识比农户丰富,可以通过政府指导农户购买期权。期权的品种有很多,当固定到期日时,不同期权的主要区别在于敲定价格不同。不同敲定价格期权的套期保值效果如图4.6所示。

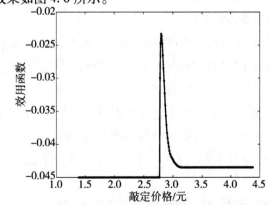

图4.6 敲定价格对效用函数的影响

从图 4.6 可以看出，随着敲定价格的增大，效用函数先增大后减小，在 $K=2.7979$ 处取最大值，此时期货当前价格为 3.320，敲定价格比期货当前价格小，这说明可以选择价外期权套期保值。这与实际投资是相符合的：对于现货的供给方来说，最担心的就是价格下跌带来的销售收入降低。因此，要想锁定收益，可以考虑买入平值或浅虚值的看跌期权。当价格上涨时，期权可以弃权，而现货升值带来的利润还在，最大亏损为权利金；当价格下跌时，期权的盈利会弥补一部分现货的贬值。此外还发现，最优生产量与期货头寸不受期权敲定价格的影响。

4.3 结论与展望

为了鼓励农户从事农业生产，促进农户增产增收，政府出台了很多惠农政策，比如给予农户生产资料等直接补贴，但这种补贴机制不一定能达到预期目的。为此，很多学者设计出各种农产品供应链机制，比如传统的"保底收购，随行就市"的价格形式契约机制，但这种机制无法防止公司的机会主义行为，可能导致公司违约率很高的问题。利益共享模式虽然在一定程度上能降低公司的违约率，但又带来信息不对称等问题。这些问题的核心在于没有将供应链内部风险转移出去，农户和公司处于一个零和博弈中。农户为信息和技术劣势的一方，从而很难得到真正的实惠。本节正是基于这些考虑，建立期权和期货套期保值模型，转移价格和需求风险，为政府提出新的补贴机制。

研究结果表明：

（1）对于一般风险厌恶型农户，最优生产量对应的边际成本不超过期货当前值，期货最优头寸小于平均需求量。

（2）利用期权和期货套期保值可以提高农户的产出水平，激发农户从事农业生产的积极性；通过期权和期货套期保值，农户效用明显地高于不进行套期保值的效用，政府鼓励农户参与衍生品套期保值有利于保障农户利益。

（3）风险厌恶系数较大的农户更应该利用期权和期货套期保值。

（4）农户效用随着政府补贴率的提高而增大，政府补贴期权金确实可以给农户带来实惠，而政府补贴率并不影响农户最优产出，即政府不能通过提高期权金补贴刺激农户生产。

（5）在交叉套期保值时，基差风险对提高农户效用有正向作用。

第4章　基于期货和期权的最优生产决策模型

（6）农户效用还随着期货波动率的增大而增大,而期货波动率较小时,农户最优生产量较小,选择对冲的期货头寸也较小。

（7）政府应该指导农户选择敲定价格比期货当前价格小的期权进行套期保值,但最优生产量与期货头寸不受期权敲定价格的影响。

农业生产中面临的风险比较复杂,而政府设计惠农政策是一项系统工程。本节只是针对政府通过补贴期权金鼓励农户参与衍生品套期保值,达到增产增收的目的展开研究。本节研究的对象主要是农户,在后续研究中可以进一步考虑"公司 + 农户"模式下衍生品套期保值问题,构建完整的农产品供应链。

第5章　农业保险在农业生产决策中的应用研究

订单农业是现代农业的基本产销经营模式,其健康发展离不开农业保险的金融支持。近年来,我国订单农业取得了阶段性成果,但仍存在履约率低、缺乏保障机制等问题,尤其是农业保险中存在的供给不足、需求不旺及保险体制与机制不配套的矛盾,已明显制约了订单农业的进一步发展。要改变这一现状,必须加强农业保险立法,发展农业保险,成立政策性保险公司,建立健全订单农业发展的保障支持体系。

2018年,中央一号文件对实施乡村振兴战略进行了全面部署,其中有9处提及"保险"。如在第七部分中提出"完善统一的城乡居民基本医疗保险制度和大病保险制度,做好农户重特大疾病救助工作";在第九部分中提出"探索开展稻谷、小麦、玉米三大粮食作物完全成本保险和收入保险试点,加快建立多层次农业保险体系";在第十一部分中提出"稳步扩大'保险+期货'试点,探索'订单农业+保险+期货(权)'试点"等。完善的农业支持保护制度和多层次的农业保险体系,是乡村产业兴旺的重要保障。2017年,农业保险为2.13亿户农户提供风险保障,支付赔款334亿元,4 737万户贫困户和受灾农户受益,保险作为"三农"发展的"压舱石"和"助推器",其作用得到极大彰显。本章将研究农业保险在订单农业中的应用问题。

5.1　基于农业保险的农产品供应链补贴机制研究

近年来,我国越来越重视对农业保险体系的建设。根据保监会数据显示,截至2016年底,我国农业保险提供的风险保障金额达到2.2万亿元,比10年前增长了约20倍,引导农户用"保险"规避农业风险正取得显著成效。随着农业保险的发展,我国政府对"三农"的直接补贴形式也在悄然发生变化。近年来,农业直补改为保险间接补贴的改革将种植业保险推上一个新的发展阶段。2016年12月19日,财政部印发了《中央财政农业保险保险费补贴管理办法》(以下简称《办法》)。《办法》指出通过保险费补贴等政策支持,鼓励和引导农户、农业生产经营组织投保农业保险,推动农业保险市场化发展,增强农业抗风险能力。2017年,中央农村工作领导小组办公室(以下简称"中农办")要求省、市积极配合中农办做好"将农业直补改为保险的间接补贴"的专题调研工作,这标志着我国支农工作转型和改革从财政直补向保险间接补贴的转变。那么,政府如何设计保险间接补贴机制才能更好地发挥补贴效率?政府保险间接补贴机制对农产品供应链各方决策的影响如何?又会给各方利益造成怎样的影响?

本节基于农业企业可以购买保险规避农产品产出风险的现实,首先构建在政府提供农业保险保费补贴机制下,农业企业、零售商和政府的三阶段Stackelberg博弈模型。然后给出最大期望收益目标下,农业企业最优生产规模、零售商最优收购价格和社会福利最大化的政府最优补贴率的显式表达式,并分析参数对三方(农业企业、零售商和社会福利)利益的影响。最后,以山东省小麦、玉米和棉花三种农作物保险为例进行分析。研究结果表明:农业企业、零售商的期望利润和社会福利随着政府保险补贴率的提高而提高,但随着银行贷款利率的提高而降低。因此,建议银行在贷款利率方面支持"三农"发展。通过对比山东省三种农作物新旧保险机制发现,在不同的自然条件发生概率下,政府保险补贴是提高三方收益的关键因素。其中,三方收益在具有政府补贴的新保险机制下是最大的。同时,对农业生产企业而言,为了抵御不利条件造成的产出风险,购买农业保险是明智的。特别是在政府提供保险费补贴政策下,建议农业生产企业通过购买农业保险降低风险、提高利润。

5.1.1 文献回顾

改革开放以来,农业补贴政策成为我国农业财政政策的一个重要组成部分,对稳定农业发展、增加农户收入、保障国家粮食安全起到了积极作用。一直以来,在我国农业生产中,政府主要的补贴机制是给予种粮农户多种直接补贴等惠农政策。随着农业补贴政策的深入发展,农业补贴成效问题越来越受到社会的关注。很多学者针对农业生产直接补贴也展开了研究。韩宏华和高红峰研究了发达国家农户直接补贴的经验,对我国农业直接补贴政策提供了启示。肖卫东等指出公共财政补贴农业保险已成为世界各国发展政策性农业保险的普遍政策,自2007年以来,也已成为我国政策性农业保险发展的行动主轴。姚冠新和徐静从生产补贴视角分析了政府分别采取定额补贴法和系数补贴法对农户生产决策行为的影响,并得到了最佳补贴系数。

虽然农业直接补贴目前仍是对农业生产者的一种主要补贴方式,但是直接补贴机制也存在着一些问题。肖国安、Shang和Soile等、Castiblanco等提出,政府给农户或涉农企业提供直接补贴不一定是最优的方法。国外除了给予农户直接补贴外,还普遍采取补贴期权金的方式保障农户利益。董婉璐等分析了美国农业保险体系和农产品期货套期保值方式,提出美国完备的农业保险体系和多样的期货保值方式为美国农户提供了有效防范风险的安全网。曹武军等通过研究发现，期权及农业保险能够有效地实现自然风险下种植业农产品供应链的协调和系统的优化。以上结合期权套期保值并给予补贴的间接方式虽然在理论上为创新补贴方式提供了新的思路，但我国目前金融市场的发展相对比较滞后，金融衍生工具市场还不够完善，加上农业生产者专业水平薄弱等原因，使利用金融衍生工具套期保值并提供补贴在实际应用中难以实现。

为了解决小生产与大市场之间的矛盾，农产品供应链是农业生产中被广泛采用的组织形式。这种形式有利于系统内部有机结合、相互促进和利益互补，实现资源优化配置的目标。学者们就农产品供应链中的补贴问题展开了研究。熊峰通过研究认为，选择恰当的冷链设施补贴模式可提升农产品生鲜度及农户盈利水平，最终提升生鲜农产品供应链关系契约的稳定性。宇海锁在农产品生产和需求随机的背景下，考虑政府分别对生产商和零售商进行农业补贴政策，研究在只有一个生产商和一个零售商的情况下的供应链的优化决策问题。以上研究主要关注价格和需求风险，未考虑订单农业在生产中受不利天气影响。在现实生产中，农户一般将订单外剩余农产品以市场价卖出。相对而言，需求风险没有产出风险高，而影响产出的一个重要因素是自然状态（天气）。有关供应链中政府补贴的相关研究可以参考王国才和陶鹏德、李钢和魏峰的研究。以上研究虽然在农产品供应链中考虑了补贴问题，但分析补贴机制不难发现：补贴形式本质上仍是直接补贴方式，包括对价格的直接补贴和对总收益的补贴等，无法达到保护耕地地力和扶持粮食适度规模经营的目标。

事实上，如果将农业直补转为保险保费补贴，可以有效降低农业保险承保成本，扩大农业保险覆盖面，极大增强农业抵御风险能力；有利于解决农户贷款难问题，推进农业适度规模化经营，这点从国家"三农"政策也可以看出。比如，自2004至2015年，中共中央、国务院发布了十多个关于指导中国农业和农村发展的一号文件，对发展中国政策性农业保险问题提出了指导意见。特别是2016年的中央一号文件，力促了农业保险供给侧的改革创新。从该文件对农业保险的表述可以看出，我国农业保险已经不仅仅是防范自然风险的管理手段，而是更多地融入我国现代农业建设的各个环节，在农村金融体系建设、农业产业化结构调整和转型升级中发挥更多的作用。Wu、Young等通过研究发现农作物保险改变了农户种植结构。Xu等从福利经济角度研究了政府最优的农业保险补贴边界。黄延信等通过与直接补贴对比，分析了农业保险的六大优势。Ye等研究了经典保险形式补贴对生产行为的影响，证明了生产结构取决于收入结构和农产品价格。Xu等研究了农作物保险、收入补贴和农业产出的

第5章 农业保险在农业生产决策中的应用研究

关系。黄建辉等考虑农业企业融资中存在破产风险,构建了政府提供补贴机制下,政府、零售商、农业企业的三阶段博弈模型,给出实现社会福利最大化的政府补贴机制,并探讨了政府补贴对供应链各方利益的影响。但他们考虑政府只在灾年才提供补贴机制,并且假设农业企业在入不敷出时可以申请破产,剩余贷款不再偿还给银行。这些假设与我国目前的农业补贴政策有所不同。

本节根据我国农业生产补贴的现实(政府根据生产面积提供保险补贴),构建了农业企业、零售商和政府三方最优供应链模型。其中,零售商确定收购价格以最大化收益,农业企业在最大化收益的目标下确定生产规模并购买保险规避产出风险,政府为达到社会福利最大化确定最优保险补贴率。根据模型结果分析各参数对三方利益的影响,并基于分析结果为创新政府补贴机制提供思路、为促进三农发展提供相关建议。

5.1.2 问题描述和基本假设

1. 问题描述

本节构建了由单一农业生产企业、单一零售商和单一政府组成的三级订单农业供应链基本模型。这里的"单一"既可指自然的一个,也可以指由农业企业组成的一个合作社。在生产开始时,农业企业与零售商签订订单,该订单规定:由零售商确定收购价格,由农户确定生产规模。在销售季节,零售商以约定的价格收购农业企业生产的所有农产品。考虑到不利自然因素(如坏天气、虫害等)对产出的影响,农业企业打算通过购买农业保险规避产出风险。当不利条件使单位面积实际产出低于某个设定产出时,保险公司给予赔偿;否则,农业保险不起作用。农业企业和零售商分别通过确定生产规模和收购价格最大化自身收益,政府提供补贴的目的在于最大化社会财富。

2. 基本假设及符号说明

在建模之前,提出如下假设:

(1) 农业企业在生产过程中会按照零售商的质量要求努力提高产出水平。假设法律对骗取保险行为的处罚力度很大,从而不存在骗取保险的行为。

(2) 零售商根据自身收益最大化确定收购价格 w(元/单位产出),农业企业为了达到最大化收益的目标确定生产规模 q(亩)。借鉴黄建辉等的研究成果,假设生产成本为关于生产规模的二次函数 cq^2($c>0$)。假设农业企业无初始生产成本,需向银行贷款以支付生产成本,贷款利息为 R。

(3) 天气或虫害等自然因素会对农业企业的产出产生影响。为了规避产出风险,农业企业购买农业保险。保单约定,农业企业以每亩 a 元购买保险。若每亩实际产出 $Q < Q_0$,则保险公司提供每亩 b 元的赔偿;若每亩实际产出 $Q \geq Q_0$,则保单失效。假设事件"$Q < Q_0$"发生的概率为 k。

(4) 假设不管农业企业实际产出水平如何,政府都提供保险费补贴,补贴率记为 $d(0 \leq d \leq 1)$。记单位面积实际随机产出 Q 的期望 $E(Q) = \mu$,令 $E(Q^2) = \delta^2$。

(5) 假设无风险利率为 0 且不考虑零售商的资金成本和需求风险。零售商销售价格为 p。参考叶飞等(2015)的研究成果,假设农产品的逆需求函数为线性函数,即 $p = u - vqQ$。其中,$u(u > 0)$ 表示窒息价格,$v(v > 0)$ 为价格敏感系数。

(6) $i = 1, 2$。$i = 1$ 代表政府不提供补贴情形,$i = 2$ 代表政府提供补贴情形。在两种情形下,π_f^i 和 π_r^i 为农业企业和零售商的期望利润,CS^i 表示消费者剩余,SW^i 表示社会福利。

5.1.3 基本模型

本节给出农业生产企业、零售商和政府在各自目标函数下的最优决策。

命题 1 如果政府给农业企业提供保险费补贴,对于给定补贴率 d,零售商为了使自身期望利润最大化,其与农业企业签订的收购价格为

$$w^* = \frac{c(1+R)[(1-d)a - bk + u\mu] - [bk - (1-d)a]v\delta^2}{[2c(1+R) + v\delta^2]\mu}$$

命题 2 如果政府给农业企业提供保险费补贴,对于给定补贴率 d,农业企业为了使自身期望利润最大化,其确定的生产规模为

$$q^* = \frac{1}{2} \frac{ad + u\mu - a + bk}{2c(1+R) + v\delta^2}$$

在以下的研究中,将给出命题 1 和命题 2 的推导过程。

1. 农业企业最优生产决策模型

农业企业的生产成本 cq^2 通过银行贷款获得,为此需要支付利息 $cq^2 R$。购买农业保险的费用 $(1-d)aq$ 假设已事先预留了。根据实际产出的不同情况,可得到农业企业的随机利润。当实际产出 $Q \geq Q_0$ 时,农业企业利润为 $wQq - cq^2(1+R) - (1-d)aq$;当实际产出 $Q < Q_0$ 时,农业企业利润为 $WQq + bq - cq^2(1+R) - (1-d)aq$。于是,农业企业的期望利润为

$$\pi_f = wq\mu - cq^2(1+R) - (1-d)aq + bqk \tag{5.1}$$

第5章　农业保险在农业生产决策中的应用研究

农业企业确定其最优生产规模 q^* 以最大化其期望利润,模型描述为

$$(P_1) \quad \max \pi_f = \max wq\mu - cq^2(1+R) - (1-d)aq + bqk \tag{5.2}$$

由(5.2)式不难看出农业企业期望利润函数是关于决策变量 q 的凹函数①。由 π_f 对 q 的一阶导函数,可得农业企业的最优生产规模为

$$q^* = \frac{\mu}{2c(1+R)}w + \frac{bk - (1-d)a}{2c(1+R)} \tag{5.3}$$

2. 零售商最优定价模型

基于假设(1)~(6),可以得到零售商的期望利润为

$$\pi_r = E[(p-w)qQ] \tag{5.4}$$

根据假设(5)有

$$\pi_r = E[(u - vqQ - w)qQ]$$
$$= (u-w)q\mu - vq^2\delta^2 \tag{5.5}$$

零售商参与性约束条件满足其期望利润不小于0,即零售价格满足

$$w \leq u - vq\frac{\delta^2}{\mu} \tag{5.6}$$

零售商的最大化期望利润模型为

$$(P_2) \begin{cases} \max \pi_r(w) = \max(u-w)q\mu - vq^2\delta^2 \\ \text{s.t. } w \leq u - vq\frac{\delta^2}{\mu} \end{cases} \tag{5.7}$$

在完全信息条件下,零售商可以预测到农业企业的生产规模满足(5.3)式。又因为模型(P_2)的目标函数关于决策变量 w 为凹函数②,所以根据 π_r 对 w 的一阶导函数可得,最优收购价格 w^* 为

$$w^* = \frac{c(1+R)[(1-d)a - bk + u\mu] - [bk - (1-d)a]v\delta^2}{[2c(1+R) + v\delta^2]\mu} \tag{5.8}$$

将(5.8)式代入(5.3)式即可得到农业企业的最优生产决策为

$$q^* = \frac{1}{2} \frac{ad + u\mu - a + bk}{2c(1+R) + v\delta^2} \tag{5.9}$$

由(5.8)式和(5.9)式可知,约束条件(5.6)式满足。

3. 政府最优补贴率模型

命题3　若目标在于最大化社会福利,则政府给农业企业提供的最优补贴率为

---

① 本节中凹函数是指二阶导小于0的函数。
② 推导过程见附录1。

$$d^* = \frac{u\mu + bk}{a} - 1$$

以下的分析将给出命题3的证明过程。

政府提供补贴的目的在于最大限度地为社会创造福利,以提高农业补贴政策效能。消费者剩余函数可表示为

$$CS = \frac{1}{2}vq^2\delta^2 \tag{5.10}$$

因此,社会福利为

$$SW = \pi_f^* + \pi_r^* + CS^* - aq^*d \tag{5.11}$$

将(5.1)式、(5.5)式和(5.10)式代入(5.11)式可得

$$SW = -\left[c(1+R) + \frac{1}{2}v\delta^2\right]q^2 + (u\mu - a + bk)q \tag{5.12}$$

令(5.12)式对补贴率 d 一阶导函数为0,可得最优补贴率满足

$$d^* = \frac{u\mu + bk}{a} - 1 \tag{5.13}$$

由于保险平均索赔额不小于保单费,即 $bk \geq a$,因此 $d^* \geq 0$。

5.1.4 农产品供应链最优决策分析

下面分析模型各参数对农产品供应链最优决策的影响。由(5.8)式不难得到如下推论①。

推论1 在政府提供保险费补贴的情形下,零售商最优定价与各参数的关系如表5.1所示。

表5.1 零售商最优定价与各参数的关系

参数 最优生产规模	$\mu\uparrow$	$\delta^2\uparrow$	$k\uparrow$	$a\uparrow$	$b\uparrow$	$R\uparrow$	$d\uparrow$
w^*	↑	↓	↓	↑	↓	↑	↓

从表5.1可以得到,零售商确定的最优收购价格与 μ、a 和 R 正相关,而与 δ^2、k、b 和 d 负相关。当保单价格较大时,零售商给出的最优收购价格较高,这与实际是相符的。而当索赔额较大时,最优收购价较小,体现了农业保险对零售商决策的影响。随着政府对农业企业补贴率的提高,零售商确定的收购价格降低,也就是由于有了政府对农业企业购买农业保险的支持,零售商以较低的收购价格来保护自己的利

---

① 推论1的推导过程见附录2。

第5章 农业保险在农业生产决策中的应用研究

益。从三者之间的关系可以看出,政府提供补贴给予农业企业,使农业企业得到保障,与此同时,零售商的反应是降低收购价格以此来获取自身利益。不利自然因素发生的概率越大,最优收购价格越小,这说明零售商不大愿意与农业企业共担因产出风险导致的损失。

由(5.9)式不难得到农业企业最优生产规模与模型参数的关系如下推论[①]。

推论2 在政府提供保险费补贴的情形下,农业企业最优生产规模与各参数的关系如表5.2所示。

表5.2 农业企业最优生产规模与各参数的关系

参数 最优生产规模	$\mu\uparrow$	$\delta^2\uparrow$	$k\uparrow$	$a\uparrow$	$b\uparrow$	$R\uparrow$	$d\uparrow$
q^*	↑	↓	↑	↓	↑	↓	↑

从表5.2可以看出,农业企业的最优生产规模q^*与μ、k、b和d正相关;与δ^2、a和R负相关。进一步地,由于保额$b>0$,所以随着低产出发生概率的增加,农业企业最优生产规模增大,这说明正是有了农业保险,农业企业不会因为不利自然因素而减少生产规模。当政府不提供补贴时,最优生产规模与保费a的变化率为-1。当政府提供补贴时,q^*对a的变化率$d-1>-1$。这说明有了政府保费补贴,农业企业最优生产规模受保费负影响减小。政府保险费补贴将提高农业企业生产规模,即有利于促进农业企业规模化生产。

类似地,根据(5.13)式不难得出政府最优补贴率与参数的关系如推论3。

推论3 政府提供的农业保险最优补贴率与保单费负相关,与索赔额和不利自然条件发生的概率正相关。

从推论3可以分析出与现实相符的结论。当保单费较高时,政府提供的补贴较低。政府通过这一措施可以在一定程度上降低农业企业与零售商联合骗取政府补贴的行为。保险公司给出的索赔额度越大,政府补贴越高。一般而言,对于受自然因素影响而产生较大损失的农产品(如中药材等),其索赔额度一般比其他农产品索赔额度大,政府对这类农产品的补贴力度也较大。不利天气发生的概率越大,政府补贴率越高,这也体现了政府为了帮助农业企业规避不利自然因素造成的风险,通过补贴保险费鼓励农业企业购买农业保险。

[①] 推论2的推导过程见附录3。

5.1.5 数值算例分析

农业保险是专为农业生产者在从事种植业、林业、畜牧业和渔业生产过程中,对遭受自然灾害、意外事故疫病、疾病等保险事故所造成的经济损失提供保障的一种保险。根据山东省新闻报道:山东省自 2015 年开始,对小麦、玉米和棉花保险费率进行调整,小麦保费由每亩 10 元提高到 15 元,保险金额由每亩 320 元提高到 375 元;玉米保费由每亩 10 元提高到 15 元,保险金额由每亩 300 元提高到 350 元;棉花保费由每亩 18 元提高到 30 元,保险金额由每亩 450 元提高到 500 元。参考黄建辉等人的研究成果,取银行贷款利息 $R = 0.10, 0.45, 0.90$,不利自然条件发生的概率 $k = 0.20, 0.40, 0.60$。

表 5.3 模型参数

对象 参数	小麦	玉米	棉花
c	0.014 5	0.013 7	0.017 6
u	0.407 4	0.204 0	0.208 6
v	0.022	0.01	0.013
μ	0.072 5	0.045 6	0.084 8
δ	0.029	0.097	0.048 5

将表格 5.3 的参数代入模型中求解,得到对于小麦、玉米和棉花三种农作物,政府补贴对三方利润的影响,如图 5.1 ~ 5.3 所示。

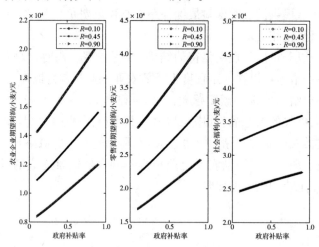

图 5.1 不同贷款利率下政府补贴率对涉小麦三方利润的影响

第 5 章　农业保险在农业生产决策中的应用研究

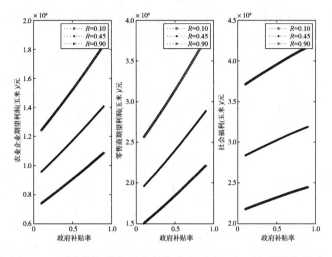

图 5.2　不同贷款利率下政府补贴率对涉玉米三方利润的影响

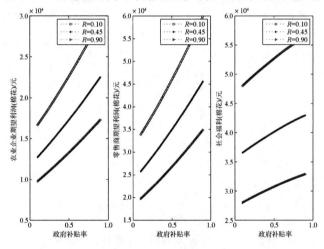

图 5.3　不同贷款利率下政府补贴率对涉棉花三方利润的影响

从图 5.1～5.3 可以看出,随着政府保险费补贴率的提高,小麦、玉米和棉花农业生产企业、零售商期望利润增大,社会福利也得到提高。但银行贷款利率不利于提高三方利益,银行贷款利率越高,农业生产企业、零售商期望利润和社会福利越低。这说明在"三农"发展中,银行应当在农业生产贷款方面降低贷款利率。进一步分析可以得出,政府补贴对三方边际利益的影响在银行贷款利率较低时较大,其中对小麦和玉米的影响最大,对棉花的影响次之。所以,国家在宏观层面上可以为银行提供相关政策扶持以激励银行给农业企业开辟贷款绿色通道。农业企业购买农业保险的初衷在于规避不利自然条件对产出的影响,下面分析新、原保险机制下不利自然条件发生概率对三方利润的影响,如图 5.4 ~ 5.6 所示。

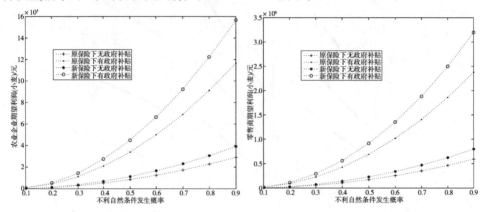

图 5.4　小麦新、原保险下不利自然条件发　　图 5.5　小麦新、原保险下不利自然条件发
　　　　生概率对农企利润的影响　　　　　　　　　　　生概率对零售商利润的影响

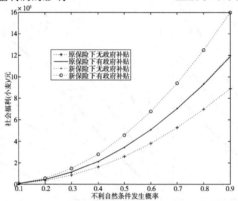

图 5.6　小麦新、原保险下不利自然条件发
　　　　生概率对社会福利的影响

从图 5.4 ~ 5.6 可以看出,对于小麦生产而言,在不同的不利自然条件发生概率下,农业生产企业和零售商的利润及社会福利在新保险机制下,在政府提供保险费补贴时最大,其余由大到小依次是原保险机制下有政府补贴、新保险机制下无政府补贴以及原保险机制下无政府补贴。这说明政府补贴作用大于单纯地提高保险费和保险额度策略。也就是说,要提高三方利益,政府的作用大于保险公司的作用。这也与实际是相符的,因为政府在"三农"发展中充当公益角色,而不是利益追求者。这些结论对于玉米和棉花两种农产品也是成立的。具体如图 5.7 ~ 5.12 所示。

第5章 农业保险在农业生产决策中的应用研究

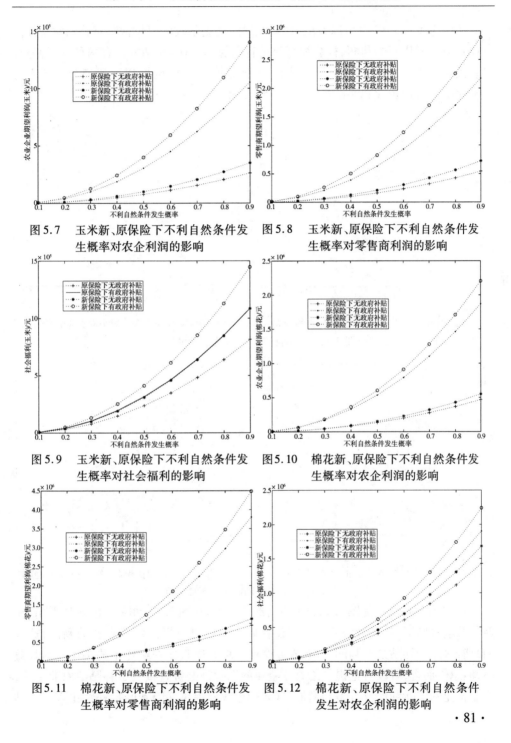

图 5.7 玉米新、原保险下不利自然条件发生概率对农企利润的影响

图 5.8 玉米新、原保险下不利自然条件发生概率对零售商利润的影响

图 5.9 玉米新、原保险下不利自然条件发生概率对社会福利的影响

图 5.10 棉花新、原保险下不利自然条件发生概率对农企利润的影响

图 5.11 棉花新、原保险下不利自然条件发生概率对零售商利润的影响

图 5.12 棉花新、原保险下不利自然条件发生对农企利润的影响

从图 5.7～5.12 也可以看出,在新的保险机制下政府提供保险费补贴对于提高农业企业和零售商的利润、社会福利都是有利的。政府的补贴方式有两种,一种是提供直接补贴方式,另一种是给农业生产企业提供保险费补贴。以下研究分析政府补贴和保险对农业企业利润的影响,如图 5.13 和图 5.14 所示。

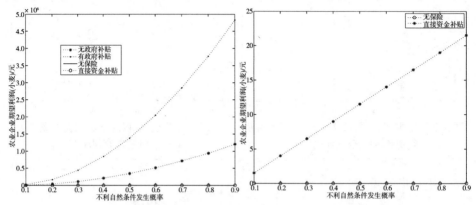

(a) 有无补贴与保险对小麦农业的影响　　(b) 直接保险和间接保险对小麦农业的影响

图 5.13　补贴和保险对小麦农业的影响

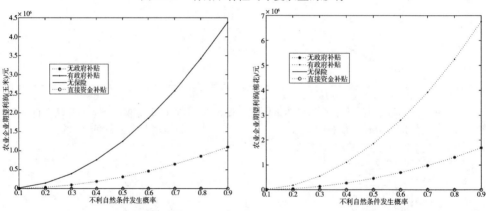

(a) 有无补贴与保险对玉米农业的影响　　(b) 直接保险和间接保险对棉花农业的影响

图 5.14　补贴和保险对农业的影响

其中图 5.13(b) 是图 5.13(a) 的局部放大图。从图 5.13 和图 5.14 可以看出,在新的保险机制下,政府给农业企业提供保险费补贴可以提高农业企业的利润,这说明政府保险费补贴是有利的。虽然农业企业领取政府直接补贴比不购买保险的收益高,但总体而言,若政府把提供给农业企业的保险补贴费直接资金补贴给农业企业,农业企业的实际利润没有得到增加。这体现了政府提供保险费间接补贴比直接补贴

第 5 章　农业保险在农业生产决策中的应用研究

更有利于提高农业企业的利润。

5.1.6　结语

农业直接补贴是政府将财政补贴资金直接发放给农户或直接让农户受益的一种补贴方式。这种补贴方式也是我国一直以来普遍采取的补贴方式。但其在运行过程中也存在虚报种植面积骗取补贴等现实问题。本节为政府提出间接补贴农业保险费新的补贴机制，构建了使农业生产企业和零售商最大化期望利润、政府最大化社会福利的博弈模型，给出最优生产规模、最优收购价格和最优补贴率；研究了模型参数对农业企业、零售商和政府三方利益的影响关系，对比分析了不同保险机制下，政府补贴的影响和农业企业购买保险的效果。通过研究发现，零售商确定的最优收购价格与平均产出水平、保险费和银行利率正相关，而与产出波动率、不利自然条件发生概率、保险赔偿额和政府补贴率负相关；农业企业的最优生产规模与平均产出水平、不利自然条件发生概率、保险赔偿额和政府补贴率正相关，与产出波动率、保险费和银行利率负相关；政府提供的农业保险最优补贴率与保单费负相关，与索赔额和不利自然条件发生概率正相关。因此，建议银行为农业户或农业生产企业贷款开通"绿色通道"，并实行利率优惠政策。此外，随着政府保险费补贴率的提高，农业生产企业、零售商期望利润增大，社会福利也得到提高，这体现了政府提供的保险费补贴对于提高"三农"企业收益是有利的。另外，通过对比直接补贴和农业保险间接补贴两种补贴方式发现，政府提供保险费间接补贴比直接补贴更有利于提高农业企业的利润。

在本节的模型中，假设农业生产企业的生产成本都通过银行贷款获得。然而，一般而言农业生产企业都会为实际生产预留资金。因此，考虑农业企业预留资金问题是未来研究的一个改进方向。

5.2　考虑财富约束和农业保险的政府补贴机制研究

农业生产中，自然灾害造成的生产不确定性是生产者面临的主要风险。本节提出了通过购买保险以规避不可预测风险，并设计了一个政府保险补贴机制，以协调农业企业、零售商和政府在农业供应链中的利益。运用博弈论方法和最优化理论方法设计了参与者之间的协调关系。在农业企业初始财富不同的情况下，提出了农业企业确定最优种植面积的显式表达式，以及零售商决定最大化期望利润的收购价格，还提出了政府确定的社会福利最大化的保险补贴率。此外，分析了模型参数对三方利益的影响。通过研究发现,农业企业和零售商的预期利润和社会福利均随政府补贴率的增加而增加,但随着银行贷款利率的降低而降低。建议银行以贷款利率支持"三农"的发展。此外,通过对初始财富的比较,建议农企留出足够的生产预算,尽量不向银行贷款。如果需要贷款,就必须购买农业保险。政府将向农业保险公司提供保险补贴,以增加社会财富。

5.2.1 引言

农业生产面临着巨大的风险。农业部门关注的两个主要风险包括生产者面临的各种灾害造成的价格波动和生产风险引起的产出风险。产出风险很可能占主导地位。众所周知,农业与自然条件和农业活动所处的环境密切相关。例如,不利的天气事件(干旱、过量降水、洪水)或病虫害和火灾引起农作物减产。为了规避生产风险,农业保险是一种常见的工具。保险作为农业风险管理的重要组成部分,是提高我国现代农业风险防范能力和可持续发展能力的保障。在国家惠农政策的指引下,我国的农业保险正在迅速发展。根据全球及我国农业保险业的统计报告,在2007年至2013年,由中国农业保险提供的风险保障从1 126亿元涨至4 000亿元;支付给1亿4 300万户农户共计760亿元人民币作为补偿。2013年,我国农业保险实现保费收入306.6亿元,同比增长27.4%,向3 177万受灾农户支付赔款208.6亿元,同比增长41%。承保主要农作物突破10亿亩,提供风险保障突破1万亿元。一些学者对农业保险做了进一步的研究。Hosseini研究了农业保险的影响。结果表明,保险背景、参保耕地面积、补偿金、社会经济变量、县域气候条件等因素影响农户投资意愿。一些文献(Goodwin等,O'Donoghue等)表明,作物保险或多或少地增加了种植面积。目前,作物保险的重要性已经得到承认。Sihem确定了农业保险的决定因素,发现农业保险取决于农业保险保费补贴农业保险费、耕地面积、农户教育水平、产量风险和宗教信仰。

我国农业面临着巨大的挑战,因为我国人口约占世界五分之一,但耕地只占世界可耕地的10%。为了使农户受益,政府出台了一系列政策,吸引农户或农业企业从事农业生产,如农业直接补贴政策。如果直接补贴为农业保险保费补贴所取代,它可以有效地降低农业保险的承保成本,扩大农业保险覆盖面,提高农业抗风险能力,而且有助于解决农户贷款难问题,促进农业适度规模经营。自2007年底试行农业保险(主要是农作物保险)保费补贴政策以来,中央和地方政府对农业保险的补贴越来越多。2013年,中央和地方财政补贴相当于近80%的中国的农业保险费。我国的种植业农业保险保费收入达到154亿5 800万元,占农业保险保费收入的79.89%。其中,大米、小麦、玉米、棉花等保费收入达126亿3 000万元,总面积6亿亩。

第5章　农业保险在农业生产决策中的应用研究

随着供应链管理理论的发展，农业生产企业也运用供应链管理理论提高竞争力。事实上，在发达国家，农产品供应链在实践中得到了广泛的应用，成为学术界研究的热点。如何解决农产品供应链的协调问题是农业产业链研究的核心问题。与已有模型不同，本节设计了保险补贴率间接补贴模式，并确定了政府授予的农业保险总保费的比例。具体体现在：本节构建了包括农业综合企业和零售商在内的农业产业链。一个单一的农户、一个单一的农业公司或包含几个公司的组织（如农户的合作机构）也称作是一个农业企业。在生产初期，零售商和农业企业签署订单。他们同意由零售商决定购买价格，由公司决定种植面积。在销售季节，零售商以商定的价格从该公司购买农产品。由于农业生产与自然条件和农业活动所处的环境密切相关，农业公司打算通过购买农业保险来对冲生产风险。当灾害发生时，单位面积实际产出低于规定水平时，保险公司向农业企业支付补偿金。否则，农业保险是没有用的。农业企业和零售商分别决定生产规模和采购价格，以最大限度地提高自己的收入。为实现社会财富最大化，政府向农业企业提供了保险补贴。

5.2.2　协调机制研究

下面分别给出农业综合企业、零售商和政府的最优决策。

命题1　令 $q_1^* = \frac{1}{2}\frac{u\mu + bk - (1-d)a}{2c(1+R) + v\sigma^2}$ 和 $q_2^* = \frac{1}{2}\frac{u\mu + bk - (1-d)a}{2c + v\sigma^2}$。假设政府为农企提供部分保险金补贴，给定补贴率 d，为了最大化收益，农企确定的最优种植面积及零售商确定的最优订单价格满足：

(1) 当 $\sqrt{\frac{B_0}{c}} \leqslant q_1^*$，则 $q^* = q_1^*$ 且

$$w^* = \frac{c(1+R)[u\mu - bk + (1-d)a] - [bk - (1-d)a]v\sigma^2}{[2c(1+R) + v\sigma^2]\mu}$$

(2) 当 $q_1^* < \sqrt{\frac{B_0}{c}} \leqslant q_2^*$，则 $q^* = \sqrt{\frac{B_0}{c}}$ 且 w^* 为最低的协议价；

(3) 当 $\sqrt{\frac{B_0}{c}} > q_2^*$，则 $q^* = q_2^*$ 且 $w^* = \frac{cu\mu - (c + v\sigma^2)[bk - (1-d)a]}{(2c + v\sigma^2)\mu}$。

以下将给出命题1的证明过程。

1. 农企最优生产决策模型

农企的随机收益为 $wqQ + bqI_Q$，其中 $I_Q = \begin{cases} 1, Q < Q_0 \\ 0, Q \geqslant Q_0 \end{cases}$。若用于生产的初始资金 B_0 是充足的，也就是 $B_0 \geqslant cq^2$，则农企不需要从银行贷款，否则将向银行以利率 R 获

取贷款 $cq^2 - B_0$。那么,农企的支出为

$$cq^2 + (1-d)aq + RL, \quad L = \begin{cases} 0, & B_0 \geq cq^2 \\ cq^2 - B_0, & B_0 < cq^2 \end{cases}$$

从而,农企的收益函数为

$$wqQ + bqI_Q - cq^2 - (1-d)aq - RL$$

进而,农企的期望收益可以表示成

$$E(\pi_f) = wq\mu + bqk - cq^2 - (1-d)aq - RL$$

$$= \begin{cases} wq\mu + bqk - cq^2 - (1-d)aq - R(cq^2 - B_0), & q > \sqrt{\dfrac{B_0}{c}} \\ wq\mu + bqk - cq^2 - (1-d)aq, & 0 \leq q \leq \sqrt{\dfrac{B_0}{c}} \end{cases} \quad (5.14)$$

从(5.14)式可以看出,初始财富对最优决策会产生影响。因此,下面提出农业企业在三种情形下的最优种植面积。

情形 1 当 $\sqrt{\dfrac{B_0}{c}} \leq \dfrac{\mu w + bk - a(1-d)}{2c(1+R)}$ 时,期望收益 π_f 与决策变量 q 的关系如图 5.15 所示。

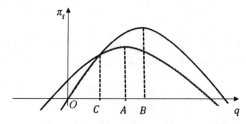

图 5.15 情形 1 下 π_f 与 q 的关系

其中 $A = \dfrac{w\mu + bk - a(1-d)}{2c(1+R)}$ 和 $B = \dfrac{w\mu + bk - a(1-d)}{2c}$ 为(5.14)式第一分支和第二分支的最大值点,$C = \sqrt{\dfrac{B_0}{c}}$ 为其交点。从图 5.15 可以发现,当 $\sqrt{\dfrac{B_0}{c}} \leq \dfrac{\mu w + bk - a(1-d)}{2c(1+R)}$ 时,有 $q^* = \dfrac{\mu w + bk - a(1-d)}{2c(1+R)}$。

情形 2 当 $\dfrac{\mu w + bk - a(1-d)}{2c(1+R)} < \sqrt{\dfrac{B_0}{c}} \leq \dfrac{\mu w + bk - a(1-d)}{2c}$ 时,期望收益 π_f 与决策变量 q 的关系如图 5.16 所示。

第5章 农业保险在农业生产决策中的应用研究

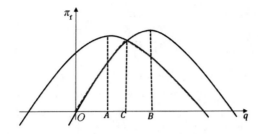

图 5.16 情形 2 下 π_f 与 q 的关系

从图 5.16 可以看出当 $\dfrac{\mu w + bk - a(1-d)}{2c(1+R)} < \sqrt{\dfrac{B_0}{c}} \leqslant \dfrac{\mu w + bk - a(1-d)}{2c}$ 时，有 $q^* = \sqrt{\dfrac{B_0}{c}}$。

情形 3 当 $\sqrt{\dfrac{B_0}{c}} > \dfrac{\mu w + bk - a(1-d)}{2c}$ 时，期望收益 π_f 与决策变量 q 的关系如图 5.17 所示。

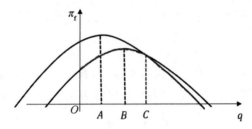

图 5.17 情形 3 下 π_f 与 q 的关系

图 5.17 中，当 $\sqrt{\dfrac{B_0}{c}} > \dfrac{\mu w + bk - a(1-d)}{2c}$ 时，有 $q^* = \dfrac{\mu w + bk - a(1-d)}{2c}$。

2. 零售商最优定价决策模型

下面基于问题描述给出零售商的随机利润函数

$$\pi_r = (p-w)qQ = (u - vqQ - w)qQ$$

由于 $E(Q) = \mu$ 且 $E(Q^2) = \sigma^2$，则零售商的目标是通过收购价格来最大化以下预期利润。

$$E(\pi_r) = (u-w)q\mu - vq^2\sigma^2 \tag{5.15}$$

(5.15) 式中，$E(\pi_r)$ 关于 q 为凹函数，则农企最优种植面积满足一阶条件，进而

可得零售商的最优决策

当 $\sqrt{\dfrac{B_0}{c}} \leqslant \dfrac{\mu w + bk - a(1-d)}{2c(1+R)}$ 时,有

$$w^* = \dfrac{c(1+R)[u\mu - bk + (1-d)a] - [bk - (1-d)a]v\sigma^2}{[2c(1+R) + v\sigma^2]\mu}$$

当 $\dfrac{\mu w + bk - a(1-d)}{2c(1+R)} < \sqrt{\dfrac{B_0}{c}} \leqslant \dfrac{\mu w + bk - a(1-d)}{2c}$ 时,零售商的收益随着收购价格递增。于是,最优收购价格 w^* 为农企和零售商协议的最低价格。

当 $\sqrt{\dfrac{B_0}{c}} > \dfrac{\mu w + bk - a(1-d)}{2c}$ 时,有

$$w^* = \dfrac{cu\mu - (c+v\sigma^2)[bk - (1-d)a]}{(2c+v\sigma^2)\mu}$$

由于信息是公开的,零售商在以上细节中知道农业企业的最佳反应。因此,农业综合企业和零售商的最优决策被归纳为命题 1。

3. 设计政府最优补贴率

命题 2 如果政府的目标是使社会财富最大化,那么最优补贴率为

$$d^* = \dfrac{u\mu + bk}{a} - 1 \tag{5.16}$$

假设政府为农业企业提供农业保险补贴,以最大化社会财富为目标,进一步提高农业补贴政策的有效性。消费者剩余函数可以表示为

$$CS = \dfrac{1}{2}vq^2\sigma^2 \tag{5.17}$$

根据社会财富的定义,有

$$SW = \pi_f^* + \pi_r^* + CS^* - aq^*d \tag{5.18}$$

将(5.14)式、(5.15)式和(5.17)式代入(5.18)式,可得社会财富为

$$SW = -\left[c(1+R) + \dfrac{1}{2}v\sigma^2\right]q^2 + (u\mu - a + bk)q \tag{5.19}$$

令(5.19)式的一阶条件为 0,得到最优补贴率满足

$$d^* = \dfrac{u\mu + bk}{a} - 1$$

由于保险索赔的平均金额不少于保单费用,即 $bk \geqslant a$,则补贴率 $d^* \geqslant 0$ 是成立的。

5.2.3 农产品供应链的最优决策分析

下面对主要参数进行敏感性分析,探讨它们对最优决策和最大利润的影响。命

第5章 农业保险在农业生产决策中的应用研究

题 1 的推论如下。

推论 1 参数与最优采购价格的关系如表 5.4 所示。

表 5.4 参数对最优采购价格的影响①

最优订单价格＼参数	$\mu\uparrow$	$\delta^2\uparrow$	$k\uparrow$	$a\uparrow$	$b\uparrow$	$R\uparrow$	$d\uparrow$
w^{1*}	↑	↓	↓	↑	↓	↑	↓
w^{2*}	↑	↓	—	—	—	—	—
w^{3*}	↑	↓	↓	↑	↓	—	↓

从表 5.4 可以发现,由零售商确定的最优收购价格与 μ、a 和 R 正相关,而与 σ^2、k、b 和 d 负相关。保险费越高,最优购买价格越高,这与实际情况相一致。当索赔量较大时,最优购买价格小,反映了农业保险对零售商决策的影响。农业企业的政府保险补贴增加,零售商确定的采购价格下降。也就是说,由于政府对农业企业的支持,零售商以较低的收购价格支持其利益。从上述关系可以看出,政府为农业企业提供补贴。同时,零售商的反应是为了获得自己的利益而降低采购价格。自然灾害发生概率越大,最优购买价格越小。结果表明,零售商不愿意分担由农业企业产出风险造成的损失。从命题 1 可以看出,农业综合企业确定的最优生产规模与模型参数之间的关系如下。

推论 2 政府给予补贴率,最优生产规模和参数之间的关系如表 5.5 所示。

表 5.5 农业企业确定最优生产规模及参数

最优生产面积＼参数	$\mu\uparrow$	$\delta^2\uparrow$	$k\uparrow$	$a\uparrow$	$b\uparrow$	$R\uparrow$	$d\uparrow$
q^{1*}	↑	↓	↓	↓	↑	↓	↑
q^{2*}	—	—	—	—	—	—	—
q^{3*}	↑	↓	↓	↓	↑	—	↑

表 5.5 显示出由农企确定的最优生产规模 q^* 与 μ、k、b 和 d 正相关,而与 σ^2、a 和 R 负相关。进一步地,由于 $b>0$,随着有利自然条件概率的增加,最优生产规模增大。这表明,由于有农业保险保驾护航,即使受到不利自然因素的影响,农业企业也不会减小生产规模。当政府不提供补贴的时候,相对于 a 的变化率为 -1,而若政府提供补贴 q^* 时,相对于 a 的变化率 $d-1>-1$。研究结果表明,政府保险保费补贴所产生的最优生产规模受到保费的负向影响。政府的保费补贴降低了农业综合企业的生产规模,有利于农业企业的规模化生产。

同样,基于 (5.16) 式,不难发现政府的最优补贴率和参数之间的关系。详细情况在推论 3 中说明。

---

① 在这里,w 的上标 1、2 和 3 代表了 3 种不同的情况。

推论3 政府提供的农业保险费的最优补贴率与政策费用负相关,与索赔额和不利自然条件的概率正相关,但它与农业综合企业的初始财富没有关系。

从推论3可以分析出与现实相符的结论。当政策费用较高时,政府提供较低的补贴。通过这一措施,政府可以在一定程度上降低农业企业和零售商骗取政府补贴的可能性。而保险公司给予的补偿越多,政府补贴就越高。不利天气的概率越大,政府补贴率就越高。它反映了政府通过补贴来帮助农业企业规避不利的自然因素,并鼓励农业企业购买农业保险。

5.2.4　数值算例分析

本节数值算例的相关数据与第4章相同。下面分析政府补贴率对农业综合企业、零售商和政府目标的影响,如图5.18所示。

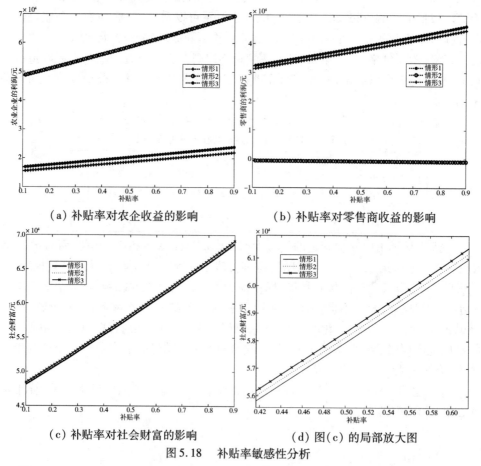

(a) 补贴率对农企收益的影响　　(b) 补贴率对零售商收益的影响

(c) 补贴率对社会财富的影响　　(d) 图(c)的局部放大图

图5.18　补贴率敏感性分析

从图 5.18 可以观察不同的补贴率对农业企业和零售商的利润及社会财富的影响。对于农企来说,情形 2 是最好的,但在情形 2 的情况下,零售商的利润是负的。因此,情形 2 是不可行的,因为它不能吸引零售商参与农业链。除此之外,情形 3 是协调的。因为在情形 3 中,农业综合企业的利润高于情形 1 的利润。然而,在情形 1 和情形 3 中,零售商的利润几乎没有差别。从图 5.18(c) 中可以看出,三例中的社会财富几乎是相同的。在图 5.18(d) 中发现,情形 3 仍有微弱的优势。因此,建议农企不向银行贷款。如果农业企业真的缺乏资金,需要贷款,政府就应该提高保险补贴率。

下面将讨论贷款利率在情形 1 中的作用,如图 5.19 所示。

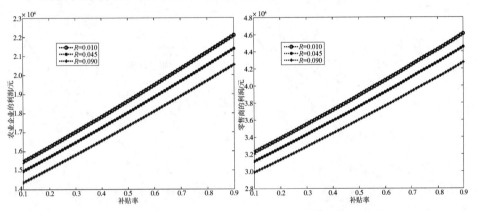

(a) 贷款利率对农企收益的影响　　　　(b) 贷款利率对零售商收益的影响

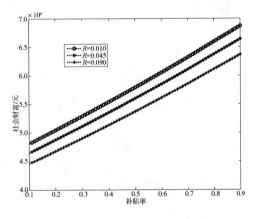

(c) 贷款利率对社会财富的影响

图 5.19　贷款利率敏感性分析

从图 5.19 可以看出,随着贷款利率的提高,农业企业和零售商的利润和社会财富都减少。事实上,在农村信贷市场上,农户和微型企业始终处于弱势地位,采取过多的贷款利息会增加融资成本,降低收入水平。因此,建议在风险可控的情况下,增加贷款额度,降低贷款利率,增强金融服务水平。此外,政府要落实各项优惠政策,支持中国农业银行的商业化运作,发展农村金融市场。由于零售商的参与性约束违反情形 2 的参与性约束条件,这里只讨论情形 1 和情形 3 的敏感性。

众所周知,农业保险的作用是抵御自然灾害的风险。下面将研究自然灾害对三个参与者利润的影响,如图 5.20 所示。

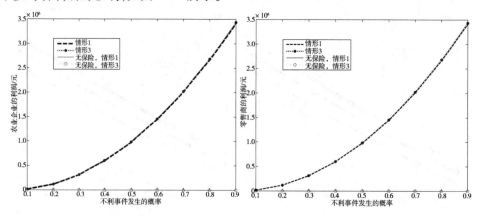

(a) 自然灾害对农企收益的影响　　(b) 自然灾害对零售商收益的影响

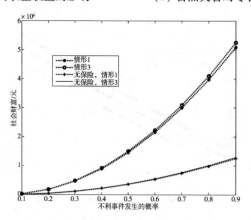

(c) 自然灾害对社会财富的影响

图 5.20　自然灾害敏感性分析

第 5 章　农业保险在农业生产决策中的应用研究

图 5.20 显示了自然灾害发生的概率对农业企业和零售商的利润的影响,以及对社会财富的影响。可以发现,随着自然灾害发生概率的增加,农企和零售商的收益及社会财富也在增加。对于农业综合企业来说,情形 3 的利润最大。根据比较结果,农业保险有利于农业企业。因为,如果没有保险,这家农业综合企业的利润就很低。因此,我们建议农业企业购买保险和政府补贴他们的保险费。对于零售商来说,情形 1 或情形 3 与利润无关。但不管有没有保险都有区别。总之,农业综合企业应该留出足够的生产预算,尽量不向银行贷款。如果需要贷款,就必须购买保险以规避自然灾害风险。

5.2.5　结论

本节提出了一种新的政府补贴机制,以支持农业企业对自然灾害风险进行套期保值。重点是农业保险和保费补贴是否增加了农业综合企业和零售商的利润,以及社会财富。为此,比较了不同情况下,包括不同初始财富和套期保值策略的结果,对农业保险补贴机制消除自然灾害风险提出了一些有意义的认识。

本节考虑了对农业企业预算的初始财富限制,提出了农业企业决定的最优种植面积、零售商决定的购买价格以实现其预期利润最大化和政府决定社会福利最大化的补贴率的最优决策。在敏感性分析的基础上,提出相应的政治建议。此外还发现,农企可以采取农业保险来规避自然灾害所带来的风险。农业保险保费补贴对利润最大化目标有明显的促进作用。政府可以通过补贴农业保险费推进协调农业链,鼓励涉农企业购买保险合同。银行应给予金融支持,共同推动"三农问题"的解决和中小企业的发展。本节研究结果对政策制定者和决策者实施农业保险政策和补贴政策有很好的启示。

附　录

附录1：推导模型(P_2)的目标函数关于决策变量 w 为凹函数。

在完全信息条件下，零售商可以预测到农业企业的生产规模满足(5.3)式，则模型(P_2)的目标函数可以表示为

$$obj = (u-w)q^*\mu - vq^{*2}\delta^2$$

其中

$$q^* = \frac{\mu}{2c(1+R)}w + \frac{bk-(1-d)a}{2c(1+R)}$$

因此

$$\frac{d(obj)}{dw} = -q^*\mu + (u-\mu)\mu\frac{\mu}{2c(1+R)} - 2vq^*\frac{\mu}{2c(1+R)}\delta^2$$

从而有

$$\frac{d^2(obj)}{dw^2} = -\frac{\mu^2}{2c(1+R)} - v\frac{\mu^2}{2c^2(1+R)^2}\delta^2$$

$$= -\frac{\mu^2}{2c(1+R)}\left[1 + \frac{v\delta^2}{c(1+R)}\right] < 0$$

附录2：推论1的推导过程。

由 $w^* = \dfrac{c(1+R)[(1-d)a - bk + u\mu] - [bk-(1-d)a]v\delta^2}{[2c(1+R)+v\delta^2]\mu}$，则有：

(1) $w^* = \dfrac{1}{2c(1+R)+v\delta^2}\dfrac{c(1+R)[(1-d)a-bk+u\mu] - [bk-(1-d)a]v\delta^2}{\mu}$

(A1)

令 $g(\mu) = \dfrac{c(1+R)[(1-d)a-bk+u\mu] - [bk-(1-d)a]v\delta^2}{\mu}$，则

$$g'(\mu) = \frac{[bk-(1-d)a][c(1+R)+v\delta^2]}{\mu^2} \quad (A2)$$

因为农业企业购买保险的参与约束为 $bk-(1-d)a > 0$，且 $c(1+R)+v\delta^2 > 0$，所以由(A1)和(A2)有 w^* 关于 μ 递增。

(2) 因为 $\dfrac{dw^*}{d\delta^2} = \dfrac{c(1+R)v}{\mu}\dfrac{[bk-(1-d)a]+u\mu}{[2c(1+R)+v\delta^2]^2} < 0$，所以 w^* 关于 δ^2 递减。

(3) 因为可将 w^* 表示成

第5章　农业保险在农业生产决策中的应用研究

$$w^* = -\frac{c(1+R)+v\delta^2}{[2c(1+R)+v\delta^2]\mu}bk + \frac{c(1+R)[(1-d)a+u\mu]+(1-d)av\delta^2}{[2c(1+R)+v\delta^2]\mu}$$

(A3)

又因为(A3)关于 k 的一次项系数为负,所以 w^* 关于 k 递减。

(4) 因为 $w^* = \dfrac{[c(1+R)+v\delta^2](1-d)a+c(1+R)(u\mu-bk)-bkv\delta^2}{[2c(1+R)+v\delta^2]\mu}$,则 w^* 关于 a 的一次项系数为正,所以 w^* 关于 a 递增。

(5) 由(A3)可得 w^* 关于 b 递减。

(6) 因为 $\dfrac{\mathrm{d}w^*}{\mathrm{d}R} = \dfrac{c}{\mu} \dfrac{[bk-(1-d)a]v\delta^2+u\mu\delta^2}{[2c(1+R)+v\delta^2]^2} > 0$,所以 w^* 关于 R 递增。

(7) 因为 $w^* = \dfrac{a(1-d)[c(1+R)+v\delta^2]+c(1+R)(u\mu-bk)-bkv\delta^2}{[2c(1+R)+v\delta^2]\mu}$,则 w^* 关于 d 的一次项系数为负,所以 w^* 关于 d 递减。

附录3:推论2的推导过程。

因为 $q^* = \dfrac{1}{2} \dfrac{ad+u\mu-a+bk}{2c(1+R)+v\delta^2}$,则有:

(1) 因为 $q^* = \dfrac{1}{2} \dfrac{u\mu+ad-a+bk}{2c(1+R)+v\delta^2}$,则 q^* 关于 μ、k、b 和 d 的一次项系数为正,所以 q^* 关于 μ、k、b 和 d 递增,且不难看出 q^* 关于 δ^2 和 R 递减。

(2) 因为 $q^* = \dfrac{1}{2} \dfrac{a(d-1)+u\mu+bk}{2c(1+R)+v\delta^2}$,则 q^* 关于 a 的一次项系数为负,所以 w^* 关于 a 递减。

第6章　考虑产品质量的订单农业供应链决策模型

随着我国农产品买方市场的逐渐形成,农产品市场难卖的问题开始显露出来,传统的通货销售已不能适应市场农业发展的需要,农户收入增长遇到瓶颈。农产品分等分级满足不同消费者的不同需求,能有效地解决农产品难卖的问题,并且分级销售能增加农户收入。此外,随着人们生活水平的提高和经济全球化的进一步发展,我国居民对产品质量的要求也越来越高,由于农产品与人们的生活息息相关,消费者对其的质量要求相较于其他产品更加严格。所谓农产品质量分级(agricultural products quality grading)就是指根据农产品的质量标准(quality standards),将不同质量的农产品进行分级、归类。在许多发达国家,农产品质量分级已经成为满足农产品市场需求、指导消费者选购农产品、政府管理农产品市场及提高农产品市场效率的重要工具。农业现代化需要农产品市场的有效资源配置。传统的观点认为,农产品具有单价低、质量波动小、生产集中化的特点,这些特点导致了消费者和加工者对农产品的选择余地较小,也就不能完全满足市场需求,而农产品质量分级恰恰改变了农产品的这些特征,通过不同质量等级农产品的价格语言,可以有效地调节市场供需,引导农户及加工者优化要素配置、提高生产工艺以进一步提高农产品质量。这就是农产品质量分级促进农业现代化的作用机理。

本章以"公司+农户"型订单农业所组成的供应链系统为研究对象,考虑了随机需求、随机价格下带有质量控制的供应链协调问题,研究了不同产品质量情形下订单农业的决策机制,分析了模型参数对相关决策变量的影响,通过数值算例对模型进行了有效性检验,并基于研究结果为协调订单农业发展提供决策参考。

6.1　随机产出下基于质量折扣的订单农业供应链决策模型

与已有研究不同,本节构造非均匀、非对称的结尾正态分布,刻画自然因素对产

第6章 考虑产品质量的订单农业供应链决策模型

出的随机影响。考虑基于质量的总额折扣率问题,提出随机产出下基于质量折扣的订单农业供应链协调机制。本节提出的变量分离法有效地降低了求解 $CVaR$ 最小化问题的复杂度。通过数值模拟分析农户风险厌恶度和质量折扣率对 $CVaR$、公司收益及最优订单量的影响发现,农户风险厌恶度对 $CVaR$、公司收益及最优订单量的影响是负向的,而质量折扣率对 $CVaR$、公司收益及最优订单量的影响是正向的。并且,公司总能获取正收益。这表明,考虑质量折扣的供应链协调机制不但可以保护农户利益,还可以兼顾公司利益,从而促进"公司 + 农户"型订单供应链协调发展。

6.1.1 引言

传统农业都是先生产后销售,以往这种老旧的方式使得销售成了棘手的现实问题。比如,因为找不到合适的销售渠道,很多蔬菜种植出来烂在田间地头,这严重影响了农户的生产积极性。而订单农业的出现在一定程度上减缓了这个问题。订单农业是指农户根据本身或其所在的专业合作社、乡村组织同农产品的购买者之间事先签订订单,然后组织安排农产品生产的一种农业产销模式。比起计划经济和传统农业"先生产后找市场"的做法,订单农业则为"先找市场后生产",可以避免盲目生产,是市场经济的产物,也是近年来新兴的一种农业形式。尽管订单农业目前发展得风生水起,但一些问题也不容忽视,如部分订单不能按期履约等诚信问题比较突出。此类问题一方面是由于自然灾害等不可控的因素导致农产品减产,使订单不能如数完成或农户违约不卖给合同方;另一方面则是人为逐利因素。因此,如何提高订单农业的履约率是订单农业健康发展的一个现实问题。

针对供应链中的高违约率问题,国内外学者提出了一些解决办法。不足的是已有研究主要讨论农户和公司双方如何权衡和分配利益问题,整条供应链处于一个零和博弈。这意味着若农户多分享收益则公司少得到收益。反之,若公司获得更多收益,则也以牺牲农户收益为代价。事实上,在签订订单农业合同时,农户往往属于弱势一方,合法利益经常受到损害。而发展订单农业的一个初衷也是对弱势一方农户利益的保护。

在实践中通常用"保底收购,随行就市"的价格机制来保护农户收益。比如,四川省吉香居食品有限公司采取"订单农业、合同种植"的产业化经营模式,对签订合同的农户实行合同收购。公司的市场价格低于合同价格时,公司保底收购;市场价格高于合同价格时,公司随行就市收购,全方位保护合同种植户的利益。绥阳山区万亩金银花种植基地在"公司 + 基地 + 农户"模式下,公司为农户提供种苗和技术指导,种植过程使用有机肥,确保产品绿色无公害,并实行保底收购,农户不用担心产品销不出去,价格上涨时还能随行就市。例如,黑龙江国储实行玉米托市收购,收购价格随行就市等价格机制。有很多学者基于"保底收购,随行就市"模式设计订单农业协调发展机制。秦开大和李腾分析了实行"保底收购,随行就市"惠农政策后供应链的绩效变化情况。叶飞等基于订单农业实践中普遍存在的"保底收购,随行就市"订单价格机制构建了"公司+农户"型订单农业供应链的决策模型。虽然"保底收购,随行就市"的价格机制对农户有利,但是当订单价格高于市场价格时,公司很有可能存在违约行为。为了防止公司违约行为,需要在订单设计时兼顾公司利益。在针对公司的调查研究中得到,一般公司也都是通过农产品质量不同则价格不同的浮动价格模式进行收购,然后将优劣产品混合后以市场价格在批发市场上规模化统一销售,公司在价格折中过程中赚取差价。因此,质量折扣价是公司可获取利益的一条可能的途径。

也有一些学者针对供应链中的质量控制问题展开了研究。Gurnani 和 Erkoc 研究市场需求受产品质量水平与零售商促销努力水平共同影响的分销渠道协调问题。Ma 等考虑了市场需求受零售商促销努力水平与产品质量水平共同影响的情形,针对由单一制造商与单一零售商组成的二级供应链协调问题进行研究。刘云志和樊治平研究了考虑损失规避与产品质量水平的二级供应链协调问题。王道平等研究了质量控制和各成员均损失规避背景下的供应链协调问题。但这些研究中对质量的控制主要体现在质量对价格(收购价或批发价)的直接影响。若收购价格取决于质量水平,那么销售价格也必将依赖于质量水平,进而订单价格随着质量水平的不同而不同。这可能会导致供应链决策模型随着不同质量水平的划分而变得比较复杂。此外,一旦将不同质量水平的订单价格规定得不同,那么在实际收购中也将导致由质量水平的衡量引起的纠纷问题。事实上,质量水平对价格的影响最终体现在总额上的折扣。因此,本节考虑产品的不同质量水平,并在总额的基础上给予质量折扣。也就是在收购时,公司和农户以协商的方式在收购(销售)总额的基础上依据产品质量对总额设置折扣。

众所周知,目前我国农业仍以小户生产形式为主,这使得农业生产属于典型的气候型农业,"靠天吃饭"是中国农业的主要特征。也就是说,农产品的实际产量受自然条件的影响较大。比如,旱灾洪涝、病虫害等自然灾害对农业实际产出造成了极大威胁,从而使供应链参与者面临产出风险。在考虑随机产出方面,姚冠新和徐静在产出不确定下研究农产品供应链参与主体决策行为。叶飞和王吉璞在农产品产出不确定性及零售价格受农产品产出率影响的条件下,研究了一类由风险规避农户和风险中性公司组成"公司+农户"型订单农业农产品供应链协调问题。以上这些研究在考虑产出不确定时,对产出随机影响因素的假设不是很恰当。其中有学者假设实际产出的随机影响因素服从均匀分布,这意味着每种不确定情况发生的概率是相同

第6章 考虑产品质量的订单农业供应链决策模型

的。还有学者假设产出随机影响因素服从正态分布,这说明不利天气和有利天气对实际产出的影响是相同的。显然,不利自然条件对实际产出的影响大于有利自然条件。比如,遇上灾年农户可能颗粒无收。而遇上丰年时,农产品实际产出增量是有限的。因此,本节假定自然条件对农业生产的随机影响服从非对称正偏态的截尾正态分布。在销售(收购)总额的基础上进一步考虑质量折扣问题,提出"公司+农户"型新的订单农业模式。新模式以"保底收购,随行就市"的价格机制优先保护农户收益。考虑风险厌恶型农户根据自身生产能力确定生产量。而风险中性的公司确定订单价格,并根据农产品质量与农户协商总额折扣,以期使其收益最大化。进一步地,深入分析自然条件风险、质量水平对订单价格和各方利润的影响。在研究过程中,除了考虑非对称自然条件影响外,还考虑了基于质量的总额折扣问题。并且,在求解 $CVaR$ 最小化问题时提出变量分离法,有效地降低了模型求解的复杂度。在应用上,通过本节研究为设计合理的农业订单提供理论支持。

6.1.2 基本描述与模型构建

下面将先给出基本假设,然后构建公司最优决策模型,推导出最优决策的显式表达式,并分析模型参数对决策变量和公司收益的影响。

1. 基本假设

在建模之前,提出如下假设:

(1) 考虑一生产周期的订单农业决策问题。为了便于分析,本节假设供应链只包括单一产品、一个公司和一个农户。事实上,这里的"一个"既可指自然的一个,也泛指一个生产或销售合作社。

(2) 订单量记为 $Q > 0$。因为由公司根据自身目标所确定的订单量不一定在农户的生产能力范围内,如农户受劳动力或土地面积约束难以达到公司所确定的订单量,所以与已有的研究中订单量由公司确定的假设不同,本节假定它是农户的决策变量。

(3) 根据目标订单量,公司指导农户开展生产。生产成本 $C(Q)$ 满足 $C'(Q) > 0, C''(Q) > 0$。参考相关文献的研究成果,假设成本函数可以写成 $C(Q) = \frac{1}{2}cQ^2$,其中 c 为农户的努力成本系数,cQ^2 表示农户生产农产品的努力成本。

(4) 由于受到天气、病虫害等自然条件影响,因此农业生产的实际产出 $\tilde{D} = D(Q,\varepsilon)$ 与预计产出有所偏离。假设自然条件的影响使实际产出,本节中假定 $\tilde{D} = Q\varepsilon(a \leq \varepsilon \leq b, a > 0, b > 1)$,即不利天气可能导致农户颗粒无收,有利天气下实际增产也是有限的。考虑到自然条件对实际产出的影响呈现非对称、非均匀的特点,假设服从均值为 0、方差为 σ^2 的截尾正态分布。

(5) 订单价格由公司确定为 w^r。公司与农户签订"保底收购,随行就市"的订单合约。当市场价格高于订单价格时,公司以市场价格收购;否则,以订单价格收购。假定公司在结算时依据产品质量的不同评分等级,在收购总价上进行折扣收购。假设公司与农户对产品质量的判断是相同的,公司与农户协商的产品质量折扣率为 α ($0 < \alpha \leq 1$),且记产品质量较高时折扣率 $\alpha = 1$。

(6) 假定农户在公司的指导下进行生产,最后产品只卖给签订订单的企业,且所生产的农产品为异质产品,不存在农户违约行为。公司收购农产品后以固定价格 p 批发出去。

(7) 以上信息对公司、农户和政府都是共同信息。

2. 公司与农户的收益函数

"保底收购,随行就市"的价格机制显然对农户是十分有利的。为了尽可能保护公司利益,假定公司在结算时依据产品质量的不同评分等级,在收购总价上进行折扣收购。比如,实际收购的产品质量与公司预期质量存在差距,那么公司不会按全款收购。事实上,这种质量折扣方式在实践中比较普遍。调查研究表明,一般公司在收购农产品时都非常注重产品质量,不同质量的价格不同,通过这种方式收购后,公司会将所有产品打包统一销售或批发出去,从中获取收益,如叶飞等所阐述的"我国农户的风险偏好是高度风险规避的",因此本节假定农户是风险规避的,运用 CVaR 准则,研究由风险厌恶的农户与风险中性的公司组成的农产品供应链的协调契约设计问题。

基于以上分析和假设,农户的收益函数可表示为

$$\pi_f = \min(Q, \widetilde{D}) \max(w^r, \widetilde{w}) \alpha - \frac{1}{2}cQ^2$$

$$= \min(1, \varepsilon) \max(w^r, \widetilde{w}) Q\alpha - \frac{1}{2}cQ^2 \qquad (6.1)$$

对于公司而言,其收益可表示为

$$\pi_c = \min(Q, Q\varepsilon)p - \min(Q, Q\varepsilon) \max(w^r, \widetilde{w}) \alpha \qquad (6.2)$$

因此,整条供应链的收益函数为

$$\pi = \min(Q, Q\varepsilon)p - \frac{1}{2}cQ^2 \qquad (6.3)$$

6.1.3 供应链决策模型

1. 供应链的集中决策模式

在集中决策模式下,整条供应链的期望收益为

第6章 考虑产品质量的订单农业供应链决策模型

$$E(\pi) = QpE[\min(1,\varepsilon)] - \frac{1}{2}cQ^2 \quad (6.4)$$

由(6.4)式,容易证明 $E(\pi)$ 为订单量 Q 的凹函数。由最优值存在的一阶条件,令 $\dfrac{\mathrm{d}E(\pi)}{\mathrm{d}Q} = 0$,得到唯一确定的最优订单量 Q_π^*,如定理1所示。

定理1 令 $\delta = E[\min(1,\varepsilon)]$。在集中决策下,存在唯一确定的最优订单量 Q_π^* 使得整条供应链的期望收益最大,其中

$$Q_\pi^* = \frac{p}{c}\delta \quad (6.5)$$

根据(6.5)式可得到推论1。

推论1 在集中决策下,整条供应链的期望收益随着批发价格和有利自然条件下增长幅度的增加而增加;随着农户努力成本和不利自然条件下减产幅度的增加而减少。

推论1的结论与实际生产情况一致,即若公司在批发市场上的批发价格越高,那么公司的收益越大,为了提高整条供应链收益,订单量也会随之提高。而农户努力成本越大,说明农户为生产付出的代价越大,农户可能不大愿意提高预期生产量;当有利天气下产量增幅增大,也就是实际产出比预期产出高,在增产的情况下一般会增收。同理,若不利天气导致的减产幅度较大,说明产品实际产出受不利天气减产的风险很大,比如稍不注意可能会导致农户颗粒无收,这种情况下订单量会减少。

2. 供应链的分散决策模型

农户在"保底收购,随行就市"价格机制下,其收益得到了充分的保护。为了降低农户面临的风险,本节中农户的决策变量是预期产出 Q,农户根据 Q 的规模组织生产,其目标是最小化 $CVaR$。参考相关文献的研究成果,具有风险规避的农户目标函数可表示为

$$CVaR_\eta[\pi_\mathrm{f}(Q)] = \max_v\left\{v + \frac{1}{\eta}E[\min(\pi_\mathrm{f}(Q) - v, 0)]\right\} \quad (6.6)$$

其中,v 表示随机收益 π_f 的 η 分位数。η 的取值可以反映农户的风险规避程度,η 越小,表示农户越害怕风险。

农业企业确定其最优生产规模 Q^* 以最小化 $CVaR$ 风险,模型描述为

$$\max_{Q^*} CVaR_\eta[\pi_\mathrm{f}(Q)] = \max_{Q^*}\max_v\left\{v + \frac{1}{\eta}E[\min(\pi_\mathrm{f}(Q) - v, 0)]\right\} \quad (\mathrm{P}_1)$$

风险中性的公司其决策问题为

$$\max_{w^r} E[\pi_\mathrm{f}] \quad (\mathrm{P}_2)$$

定理 2 在分散决策模式和 *CVaR* 风险度量准则下,风险规避型农户的最优预期产量为

$$Q^* = \frac{\Delta \alpha}{c\eta}$$

其中,$\Delta = \int_{Z_1 0}^{F_{Z_1}^{-1}(\eta)} z_1 f_{Z_1}(Z_1) \mathrm{d}z_1$,$Z_1 = \min(1,\varepsilon)\max(\underline{w},\widetilde{w})$。

证明 定义一个凹函数

$$g(Q,v) = v + \frac{1}{\eta} E[\min(\pi_f(Q) - v, 0)] \tag{6.7}$$

不同于已有的 *CVaR* 相关的研究文献直接求解优化模型的方法,本节提出变量分离法求解优化模型。令 $Z = \min(1,\varepsilon)\max(w^r,\widetilde{w})$①,且记 Z 的密度函数为 $f_Z(z)$,分布函数为 $F_Z(z)$。将(6.1)式代入(6.7)式可得

$$g(Q,v) = v + \frac{Q\alpha}{\eta} E\left[\min\left(Z - \frac{cQ}{2\alpha} - \frac{v}{Q\alpha}, 0\right)\right]$$

$$= v + \frac{Q\alpha}{\eta} \int_0^{\frac{cQ}{2\alpha} + \frac{v}{Q\alpha}} \left(z - \frac{cQ}{2\alpha} - \frac{v}{Q\alpha}\right) f_Z(z) \mathrm{d}z \tag{6.8}$$

将(6.8)式对 v 求一阶导为

$$\frac{\partial g(Q,v)}{\partial v} = 1 - \frac{1}{\eta} F_Z\left(\frac{cQ^2 + 2v}{2Q\alpha}\right)$$

令 $\frac{\partial g(Q,v)}{\partial v} = 0$ 可得

$$v^* = F_Z^{-1}(\eta) Q\alpha - \frac{cQ^2}{2} \tag{6.9}$$

根据(6.8)式对 Q 的一阶条件有

$$\frac{\partial g(Q,v)}{\partial v} = \frac{\alpha}{\eta} \int_0^{\frac{cQ}{2\alpha} + \frac{v}{Q\alpha}} z f_Z(z) \mathrm{d}z - \frac{cQ}{\eta} F_Z\left(\frac{cQ}{2\alpha} + \frac{v}{Q\alpha}\right)$$

令 $\frac{\partial g(Q,v)}{\partial v} = 0$ 可得

$$\int_0^{\frac{cQ^*}{2\alpha} + \frac{v^*}{Q^*\alpha}} z f_Z(z) \mathrm{d}z = \frac{cQ^*}{\alpha} F_Z\left(\frac{cQ^*}{2\alpha} + \frac{v^*}{Q^*\alpha}\right) \tag{6.10}$$

根据(6.9)式和(6.10)式有

---

① 这种形式的变量代换可以有效地分离出决策变量。

$$\int_0^{F_Z^{-1}(\eta)} z f_Z(z) \mathrm{d}z = \frac{cO^*}{\alpha}\eta$$

记 $\Delta = \int_0^{F_Z^{-1}(\eta)} z f_Z(z) \mathrm{d}z$,从而可以得到最优订货量为

$$Q^* = \frac{\Delta\alpha}{c\eta} \quad (6.11)$$

此外,自然条件对产出的随机影响是外生独立的,所以基于(6.3)式可将公司的期望收益表示成

$$E(\pi_c) = E[\min(Q,Q\varepsilon)p] - \alpha E[\min(Q,Q\varepsilon)]\left[\int_{w^r}^{+\infty} x f(x)\mathrm{d}x + \int_{-\infty}^{w^r} w^r f(x)\mathrm{d}x\right] \quad (6.12)$$

从而,(6.12)式关于 w^r 的一阶导为

$$\frac{\partial E(\pi_c)}{\partial w^r} = -\alpha E[\min(Q,Q\varepsilon)]F(w^r) < 0$$

即公司期望收益 $E(\pi_c)$ 关于订单价格 w^r 递减。假设 $\underline{w}$ 为公司与农户协商的可接受的最低保护价,则最优订单价格 $w^r = \underline{w}$。根据假设(7)可将此最优订单价格代入到(6.11)式中,则定理2得证。

推论2 在分散机制下,农户的最优目标为 $CVaR_f = \frac{1}{2}\frac{\Delta^2 \alpha^2}{c\eta^2}$。

从推论2可以看出,农户的最优目标随着 c、η 的增大而减小,随着 α 的增大而增大。

推论3 在分散机制下,公司的最大期望收益为

$$E(\pi_c^*) = E[\min(1,\varepsilon)]\left\{\frac{\Delta p}{c\eta} - E[\max(\underline{w},\tilde{w})]\right\}\alpha$$

从推论3可以看出,公司的最大期望收益随着批发价格的增大而增大,而随着 c、η 的增加大减小。

6.1.4 数值分析

为了检验模型的有效性,我们考虑以下的数值例子。参考叶飞等,设生产成本系数为 $c = 1.8$。农产品收购市场价格 $\tilde{w} \sim N(0.5, \sigma^2)$;一般而言,公司在批发市场上销售产品的价格比收购价格稍高,假设批发市场价格 $p = 0.35 + \sigma$。其中,$\sigma = 0.1:0.05:1$(如 $\sigma = 0.2$ 时表示市场收购价的不确定性较小,价格较稳定,公司出售产品的增幅较小;$\sigma = 0.5$ 时表示市场收购价的不确定性较大,市场行情不稳定,公司提高出售产品的价格)。从推论2可以看出,农户 $CVaR$ 目标与直接收益目标呈正的线性关系,于是下文中仍讨论农户的收益。假设 ε 服从均值为1,标准差为 γ,

且在区间$[a,b](a>0,b>1)$上的截尾正态分布,本节取$a=0.4,b=1.2$。其中,截尾正态分布密度函数、分布函数及相关性质可以参考 Leeuw 的研究成果。不失一般性,取$\gamma=\sigma$。考虑到$Z=\min(1,\varepsilon)\max(\underline{w},\tilde{w})$的分布函数的显式表达式求解比较烦琐,所以本节在数值分析部分主要采取随机模拟的方法进行。为了分析方便,假定农户和公司协商的最低收购价即为平均价格。通过随机模拟得到农户风险规避度对 $CVaR$、公司收益及最优订单量的影响如图 6.1 所示。

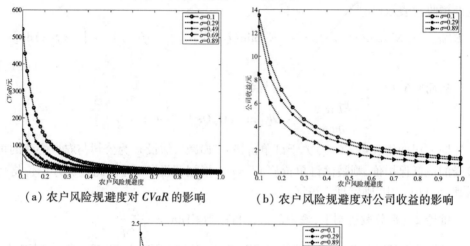

(a) 农户风险规避度对 $CVaR$ 的影响　　(b) 农户风险规避度对公司收益的影响

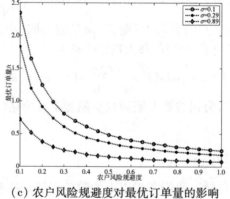

(c) 农户风险规避度对最优订单量的影响

图 6.1　农户风险规避度的敏感性分析

从图 6.1 可以看出,随着农户风险规避度的增大,$CVaR$、公司收益及最优订单量减少。具体表现为,当农户风险规避度越大时,极端平均收益越小。当农户属于风险规避型时,其最优订货量随风险规避度的不断增加而减少,当风险规避度增加到一定程度时,最优订货量趋于不变。这说明一个害怕风险的农户情愿放弃潜在的盈利机会,也不愿多订购商品而发生滞销成本。这一研究结果与刘鹏飞和贺思云、陈志明

第6章 考虑产品质量的订单农业供应链决策模型

和陈志祥等的研究结果一致。徐志春指出风险厌恶引起零售商订单量降低的深层次原因是实际超储成本的增加。正是因为农户风险规避度增大，最优订单量减少，这对提高公司收益不利，从而导致公司收益降低。从图6.1中还可以看出，当市场价格或不确定自然条件的波动增大时，$CVaR$、公司收益及最优订单量减少。即当市场价格风险和产出不确定性较大时，农户为了保护自身利益减少订单量，在这种情况下，公司最优收益也受到了不利影响。本节提出在销售总额的基础上结合产品质量进行折扣收购，这样做的一个主要原因是适当地保护公司利益。因为处于"保底收购，随行就市"价格机制下的农户，其利益往往得到了较好的保障，为了激励公司参与订单农业，需要进一步考虑公司利益。而事实上，从图6.1可以看出公司取得了正的收益，也就是在本节所设计的协调机制下，公司的利益也得到保护。

图6.2给出了不同质量折扣率的影响。

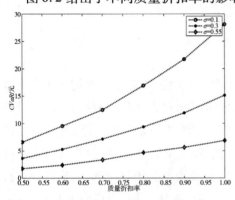

（a）质量折扣率对$CVaR$的影响 　　（b）质量折扣率对公司收益的影响

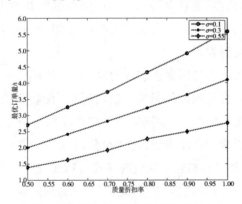

（c）质量折扣率对最优订货量的影响

图6.2　质量折扣率的敏感性分析

从图 6.2 不难发现,随着质量折扣率的提高,$CVaR$、公司收益及最优订单量增大。这说明提高质量折扣率使农户和公司都可以受益。图 6.2(a) 显示的结果是比较直观的。折扣率越大,说明产品质量越好,那么农户的 $CVaR$ 值越大。图 6.2(b) 虽然与实际情况看似不大相符,但实际上是符合情理的。因为折扣率越大,意味着产品质量越好,公司收购好产品的好处显然大于收购差质量产品。并且,随着质量折扣率的增大,从图 6.2(c) 中也可以看出最优订单量增大,这不仅有利于提高公司的收益,还有利于促进农户扩大生产规模。同样地,从图 6.2 中可以得到,市场价格的波动或自然条件不确定性增大对 $CVaR$、公司收益及最优订单量的影响不受质量折扣率的影响,即当市场价格或不确定自然条件的波动增大时,$CVaR$、公司收益及最优订单量总是减少的。从图 6.2 中也可以看出不管质量折扣率如何变化,公司的收益为正,这为激励公司参与订单合约提供了参与性条件。

6.1.5 结论

农村稳则天下安,农业兴则基础牢,农民富则国家盛。习近平总书记在十九大报告中,就"三农"工作提出很多新概念、新表述,并首次提出实施乡村振兴战略。推进农业产业化经营,是发展现代农业,破解"三农"问题的一条重要出路。随着农业产业化和规模化程度的不断提高,订单农业得到了较快发展。订单农业是目前农业生产所推行的有效方式,对推进农业产业化进程、解决农产品销售难问题、提高农业抵御自然风险和市场风险的能力、增加农户收入、调整农业结构、推广农业科技、提高农产品竞争力等方面具有重要意义。然而,在中国订单农业发展过程中的高违约率问题不容忽视。为了解决这个问题,在保护农户利益的同时还应兼顾公司利益,使公司和农户的利益得到协调发展。

不同于已有文献关于自然因素正态或均匀的随机影响的研究,本节首先采用非对称截尾正态分布刻画自然因素的影响。其次,通过"保底收购,随行就市"的价格机制使农户利益得到先行保护,在此基础上考虑产品质量折扣协调公司利益。从而设计出考虑自然条件影响和产品质量折扣的"公司 + 农户"供应链协调机制,得到最优订单量、农户 $CVaR$ 目标和公司收益的显式表达式。进一步地,分析模型参数对决策变量和公司与农户目标函数的影响。此外,本节在求解模型时,采用变量分离法得到使 $CVaR$ 最小化的决策。这种方法相对于已有方法更简便,因此为处理目标函数是最小化 $CVaR$ 的相关问题提供了借鉴。通过本节研究表明,农户风险规避度对

$CVaR$、公司收益及最优订单量的影响是负向的,而基于质量的总额折扣率对 $CVaR$、公司收益及最优订单量的影响是正向的,并且,公司总能获取正收益。这表明,考虑质量折扣的供应链协调机制不但可以保护农户利益,还可以兼顾公司利益,从而促进"公司 + 农户"型订单供应链协调发展。

在本节的模型中只考虑了农户的努力成本,而没有考虑农业生产中的生产成本,如种子、农药、化肥等成本。另外,涉农公司一般不会提前预留充足的购买资金,而是可能通过银行贷款方式垫付资金。因此,在本节基础上进一步考虑农业生产成本和银行贷款问题是未来研究的一个改进方向。

6.2 质量分级销售模式下的订单农业决策模型

农业是我国国民经济的基础,是农户致富的根本,而农业的根本出路又在于产业化、规模化。2004 年以来,中央一号文件连续聚焦"三农"。农业生产一旦形成规模,产量大幅度提升,产品产量很高,那么这么多的产品去哪里销售、销售给谁、采用怎样的销售方式,这是农业产业规模化所面临的实际问题。借鉴目前农业发达国家的先进经验和结合中国农业的发展趋势,结合当前农业生产实情,可以通过订单农业进行市场运作,从而实现农业产业规模化的目标、加快实现农业产业化的进程。近两年的中央一号文件也提出完善农业产业链与农户的利益联结机制。比如,创新发展订单农业,支持农业产业化龙头企业建设稳定的原料生产基地。那么,进行怎样的市场运作,才能避免目前农户灾年血本无归和丰收不收益现象,使得在进行农业产业规模化进程中让老百姓真正受益?自然因素对农产品供应链各方决策的影响如何?又会给各方利益造成怎样的影响?

本节中假定由公司承担种子、化肥、农药等成本,考虑农产品实际产出受截尾正态分布自然条件影响,在农户参与性约束条件下,建立公司利润最大化决策模型。模型中,公司根据实际产量按质量分级销售;农户在满足参与约束下自愿提供土地及劳动力,并按照公司技术指导进行生产。探讨了不同自然条件对最优收购价格和公司利润的影响,分析了集中销售与质量分级销售模式的区别。通过研究发现,不利天气造成的减产比有利天气造成的增产的强度大时,随着天气风险的增大,订单价格增大、公司利润降低;反之,订单价格随着自然风险的增大而减少,公司利润增大。当自然不确定因素服从对称截尾正态分布时,最优订单价格不受自然条件波动率的影响,公司利润随自然风险增大而有所减少。建议公司在不利天气条件下提高订单价格,尽管不利自然条件会减少公司利润;在有利自然条件下,可以降低订单价格,从而提高利润。由于质量分级销售比集中销售模式对提高公司利润总是有利的,因此建议公司按统一价格收购后以质量分级模式进行销售。

6.2.1 文献回顾

订单农业是指农户在农业生产经营过程中,按照与农产品购买者签订的契约组织安排生产的一种农业产销模式。订单农业作为以销定产的重要手段,对稳定农产品价格、确保农户合理收益、抵御市场价格风险具有积极的作用。Wang 指出订单农业有助于降低供应链风险、提高农户的生产力、刺激企业的营销活动、提高公司和农户的总利润。然而,订单履约有一段生产过程,双方都受市场、自然和人为因素等影响,从而都面临着一定的风险性。

订单的本质是远期合约,是一种最为基础的衍生品,因此订单农业中违约风险是一个主要的风险来源。订单农业中的农户违约风险问题,实质上就是远期合约交易双方的信用风险问题。当市场价格高于订单价格时,农户违约风险高;市场价格低于订单价格时,企业面临亏损。在此情况下,企业很难有动力去发展订单农业。马九杰和徐雪高根据我国有关调查发现,在各地订单农业违约事件中,龙头企业违约的占 70%。为了解决高违约率问题,学者们研究各种协调发展机制。尽管已有的研究在一定程度上解决了订单农业中的违约问题,但是风险在农户与公司之间转移,此长彼消。为了保护农户的利益,实践中,订单农业通常用"保底收购,随行就市"的价格机制来保护农户收益。国内的研究学者朱晓霞指出,实行"保底收购,随行就市"价格机制有利于降低公司与农户的违约风险。蒋明和孙赵勇通过对"公司+农户"型模式的博弈分析来证明该模式存在一定的合理性。虽然常用的"保底收购,随行就市"机制保护了农户的利益,但是在实际运作中,公司单方面违约率仍然较高。特别是当收购价格高于市场价格时,由于利益驱动,公司很可能违约而直接以市场价格收购商品。这不利于农业供应链的协调发展。据调查发现,农户是否参与订单农业决策最主要在于其参与农业订单前后收益的比较,这里的收益指的是净收益,即农户参与订单农业后的收益减去需要付出的代价。事实上,目前在订单农业实践中,很多龙头企业都采取这种模式。比如四川代代为本农业科技有限公司在订单农业实践中以 1 500 元/亩的成本价,全程垫付有机肥料投入品,参与农户严格按照公司的田间

第6章 考虑产品质量的订单农业供应链决策模型

管理模式进行生产。再比如，中硅融德投资集团在与农户签订种植合同后，农户将按照企业的标准种植，打造"寒江墨稻"优质品牌。农户与中硅融德投资集团签订订单农业种植合作单，公司向专业户提供技术、种子、化肥、农药、信息等各种支持，专业户则根据合同规定，按时、按量、按质向公司提供无公害食品、绿色食品。由公司出资生产农产品一方面可以解决农户的后顾之忧，另一方面可以避免目前存在的公司变相地卖农资的现象。基于这个考虑，不同于已有的文献关于农户为利润最大化追求者的假设，本节假定农业生产中所涉及的生产资料费用由公司支付，构建的订单模式使农户收益大于其预期收益，也就是农户满足参与性约束条件。农户只需遵照订单提供土地和劳动力进行生产。在此基础上，公司确定收购价格使收益最大化。

众所周知，农业生产的全过程都要极度依赖于自然条件。农产品生产"靠天吃饭"的状况一时难以有较大的改观。当农户遇上灾年，其实际产出比预计产量低。当遇上丰年时，产量会比预期产出有所增加。而农产品价格在一定程度上又受到产量的影响，这说明价格和实际产量都受到自然因素的影响。黄建辉等在随机产出下研究农产品供应链补贴机制。为了减少自然条件对农业生产的影响，学者们将天气期权引入到农业生产中，如伏红勇和但斌设计了一种与不利天气指数相关的"天气（看涨）期权＋风险补偿＋加盟费"的订单契约机制。虽然在"公司＋农户"型订单农业中可以通过设计天气衍生品来降低因为天气变化对农业生产带来的影响，但是天气衍生品由于其定价等问题在实际操作中实施的难度较大。并且，这些研究中假设自然条件的随机影响服从正态分布或均匀分布。而事实上，自然条件的影响虽然对农业生产有影响，但影响非对称且影响力有限。比如，不利自然条件可能造成减产，但也不至于导致负产出，有利自然条件也不会使实际产出无限增加。因为在实际生产中，不同状态自然条件的影响并不是等概率的，所以若假设自然条件的影响服从均匀分布，则更加不符合实际情况。因此，本节假定自然条件对农业生产的随机影响服从非对称截尾正态分布。

除此之外，已有很多学者针对供应链中产品质量展开了研究。但这些研究都是在订单设计时考虑质量水平，而在实际生产中若由公司投入生产资料并指导农户生产，那么农户主动承担质量水平带来收益降低问题的积极性可能不高。因此，本节设计的农业订单将自然条件对实际产出的影响和产品质量结合起来，具体表现在：本节认为自然条件对农产品实际产出产生影响，基于不同的影响，公司对所收购的农产品按质量分类销售，农户不需要为质量问题付出代价。当不利条件占主导时，导致实际产出比预计的少。由于实际产量降低,为了满足需求,公司不能对产品做进一步分类销售,而是以中间销售价格出售所有产品;当有利条件发生时,实际产出比预计产出多,那么,公司可以将产品进行筛选分类,订单量内的产品以较高价钱卖出,而多余产品以低价卖出。

基于以上讨论,本节考虑自然条件的随机影响服从截尾正态分布,提出新的订单农业模式。新模式满足农户参与性约束条件,即农户在新订单中获益不少于其预期收益。为更好地保护农户利益,农业生产所需的种子和农药化肥等成本由公司提供,农户按照公司的指导自愿开展农业生产。公司确定订单价格,并根据实际产出将农产品按质量分级模式进行销售,以期使其收益最大化。进一步地,深入分析自然条件风险下按质量分级销售与统一价格销售两种模式对订单价格和公司利润的影响。通过本节研究,为设计合理的农业订单提供理论支持。

6.2.2 基本描述与模型构建

不同自然条件对农业生产的影响并不是对称或均匀的。若要丰产,需要天气、无病虫害等自然条件同时具备才行,而糟糕天气或病虫害等自然条件有一个发生,则极有可能造成减产。也就是说,不利自然条件造成减产比增产更容易。因此,本节利用截尾正态分布刻画自然条件对农业生产的影响。参考 Horrace 的研究,本节先引入截尾正态分布及相关性质。

定义1 假设 $X \sim N(\mu, \sigma^2)$。记 a 和 b 分别为左、右截断点,则 X 服从 $[a,b]$ 上的截尾正态分布。其密度函数表示为

$$f(x) = \frac{1}{K} \frac{1}{\sqrt{2\pi}\sigma} e^{-\frac{(x-\mu)^2}{2\sigma^2}} \tag{6.13}$$

其中,$K = \phi\left(\frac{b-\mu}{\sigma}\right) - \phi\left(\frac{a-\mu}{\sigma}\right)$,$\phi(u)$ 为标准正态分布的分布函数。

下面将先给出基本假设,然后构建公司最优决策模型,推导出最优决策的显式表达式,并分析模型参数对决策变量和公司收益的影响。

1. 基本假设

在建模之前,提出如下假设:

(1) 考虑一周期包括单一产品、一个公司和一个农户的供应链。其中,这里的"一个"既可指自然的一个,也泛指一个生产或销售合作社。

第6章 考虑产品质量的订单农业供应链决策模型

(2) 订单量记为 $Q > 0$,其不是决策变量,而是公司的目标订单量或公司在二级市场上收到的订单量。

(3) 根据目标订单量,公司指导农户开展生产。生产成本 $C(q)$ 满足 $C'(q) > 0$, $C''(q) > 0$。参考林强和叶飞的研究成果,假设成本函数可以写成 $C(q) = c_0 + c_1 q + c_2 q^2$,其中 c_0 为固定成本;$c_1 q > 0$ 为种植农产品的投入成本;$c_2 > 0$ 为农户的努力成本系数,$c_2 q^2$ 表示农户生产农产品的努力成本。假定总成本中,农户所承担的成本为 $c_0 + c_2 q^2$,公司承担种子、农药、化肥等生产资料投入成本 $c_1 q$。

(4) 农业生产由于受到天气、病虫害等自然条件影响,使实际产出与预计产出有所偏离。假设自然条件的影响使实际产出为 $q(1+e)$,其中 e 服从区间 $[a,b]$ 上、均值为 0、方差为 σ^2 的截尾正态分布。并且,自然条件可能使农户颗粒无收,而遇到丰收年实际产出增长也是有限的,因此,限定 $-1 < a < 0$ 和 $0 < b < 0.5$。

(5) 订单价格由公司确定为 w_r。公司收购农产品后根据产品实际产出按质量分级销售。若实际产出比预计产出多,即 $b > 0$ 时,公司将产品分类,订单内的按较高价格 p_1 销售,筛选后的残值产品按较低价格 p_3 销售;若实际产出比预计产出少,即 $b \leq 0$ 时,公司按中间价格 p_2 统一销售。于是 $p_3 < p_2 < p_1$。

(6) 假定农户保留收益为 f_0,即只要在订单价格下农户实际收益大于 f_0,那么农户自愿接受订单,并投入土地和努力成本开展生产。

(7) 假定农户在公司的指导下进行生产,最后产品只卖给签订订单的企业,且所生产的农产品为异质产品,不存在农户违约行为。同时,公司按照订单价格收购所有农产品,不存在企业违约不收的现象。

(8) 以上信息对公司、农户和政府都是共同信息。

2. 最优决策模型

基于以上分析,农户的收益函数可表示为 $\pi_f = q(1+e)w_r - c_0 - c_2 q^2$。已有研究假定农户的目标是最大化其收益,而事实上,在实际农业生产中,农户是否接受订单的依据在于对比接受订单与否的收益是否有提高,是否大于其预期收益。比如,在常规生产模式下,农户一亩地预期收益 M,而签订订单后每亩预期收益 N。农户一般通过比较 M 和 N 的大小决定是否接受订单模式。当 N 大于 M 时,农户会自愿接受订单,而不是权衡订单是否使其收益最大化。而且若农户目标为最大化收益,那么为了追求收益,其发生不诚信行为的可能性比较大。假设农户的保留收益为 f_0,则农户接受订单模式的参与性约束条件为

$$E(\pi_f) = E[q(1+e)w_r - c_0 - c_2 q^2] \geq f_0 \tag{6.14}$$

对于公司而言,农产品实际产出情况决定了其收益。具体体现在:当遇到有利自然条件,实际产出往往比预计产出高,即 $e > 0$ 时,$q(1+e) > q$。公司在二级市场的需求量为 q,假设公司具有定价权。一般地,公司都会将所收购的产品按质量分级分类销售。通过筛选后,需求量 q 对应的售价为 p_1。考虑到农产品残值一般不为 0,从而假定被筛选的超出部分 qe 由于质量较低,则以 p_3 销售。此时,公司收益为 $qp_1 + qep_3 - q(1+e)w_r - c_1q$;当实际产出不超过预定产出,即当 $e \leq 0$ 时,$q(1+e) \leq q$,也就是实际产出不能满足需求,公司不再进行分类筛选;直接以统一价格 p_2 销售。此时,公司收益为 $q(1+e)p_2 - q(1+e)w_r - c_1q$。综上所述,公司收益可表示为

$$\pi_c = \begin{cases} qp_1 + qep_3 - q(1+e)w_r - c_1q, & e > 0 \\ q(1+e)p_2 - q(1+e)w_r - c_1q, & e \leq 0 \end{cases} \quad (6.15)$$

公司确定最优订单价格使其预期收益最大化。于是,最优供应链订单可以描述为问题(P_1)

$$\begin{cases} \max_{w_r} E(\pi_c) \\ \text{s.t } E(\pi_f) \geq f_0 \end{cases} \quad (P_1)$$

3. 最优决策分析

下面将分析并给出公司的最优决策和最优利润表达式。

命题 1 若农业生产成本按假设(3)分配,农户保留收益为 f_0,自然条件对产出的随机影响服从假设(4)所述的截尾正态分布,并且公司按假设(5)销售产品,则公司为了使自身期望利润最大化,其与农业企业签订的收购价格为

$$w_r^* = \frac{f_0 + c_0 + c_2 q^2}{q \left[1 + \dfrac{1}{K} \dfrac{\sigma}{\sqrt{2\pi}} (e^{-\frac{a^2}{2\sigma^2}} - e^{-\frac{b^2}{2\sigma^2}}) \right]}$$

命题 2 若农业生产成本按假设(3)分配,农户保留收益为 f_0,自然条件对产出的随机影响服从假设(4)所述的截尾正态分布,并且公司按假设(5)销售产品,则公司最大化期望利润为

$$E(\pi_c) = \frac{qp_2 - qw_r^* - c_1q}{K}\left[\frac{1}{2} - \phi\left(\frac{a}{\sigma}\right)\right] + \frac{qp_2 - qw_r^*}{K}\frac{\sigma}{\sqrt{2\pi}}(e^{-\frac{a^2}{2\sigma^2}} - 1) + \frac{qp_1 - qw_r^* - c_1q}{K}\left[\phi\left(\frac{b}{\sigma}\right) - \frac{1}{2}\right] + \frac{qp_3 - qw_r^*}{K}\frac{\sigma}{\sqrt{2\pi}}(1 - e^{-\frac{b^2}{2\sigma^2}})$$

在以下的研究中,将给出命题 1 和 2 的推导过程。

由(6.13)式和(6.14)式可得

第6章 考虑产品质量的订单农业供应链决策模型

$$E(\pi_f) = q\left[1 + \frac{1}{K}\int_a^b x \frac{1}{\sqrt{2\pi}\sigma} e^{-\frac{x^2}{2\sigma^2}} dx\right]w_r - c_0 - c_2 q^2$$

$$= q\left[1 + \frac{1}{K}\frac{\sigma}{\sqrt{2\pi}}(e^{-\frac{a^2}{2\sigma^2}} - e^{-\frac{b^2}{2\sigma^2}})\right]w_r - c_0 - c_2 q^2$$

则问题 (P_1) 的约束条件可写成

$$w_r \geqslant \frac{f_0 + c_0 + c_2 q^2}{q\left[1 + \frac{1}{K}\frac{\sigma}{\sqrt{2\pi}}(e^{-\frac{a^2}{2\sigma^2}} - e^{-\frac{b^2}{2\sigma^2}})\right]} \tag{6.16}$$

由(6.13)式和(6.14)式有

$$E(\pi_c) = \int_a^0 [q(1+e)p_2 - q(1+e)w_r - c_1 q]f(x)dx + \int_0^b [qp_1 + qep_3 - q(1+e)w_r - c_1 q]f(x)dx$$

$$= \frac{qp_2 - qw_r - c_1 q}{K}\left[\frac{1}{2} - \phi\left(\frac{a}{\sigma}\right)\right] + \frac{qp_2 - qw_r}{K}\frac{\sigma}{\sqrt{2\pi}}(e^{-\frac{a^2}{2\sigma^2}} - 1) +$$

$$\frac{qp_1 - qw_r - c_1 q}{K}\left[\phi\left(\frac{b}{\sigma}\right) - \frac{1}{2}\right] + \frac{qp_3 - qw_r}{K}\frac{\sigma}{\sqrt{2\pi}}(1 - e^{-\frac{b^2}{2\sigma^2}}) \tag{6.17}$$

于是有

$$\frac{\partial E(\pi_c)}{\partial w_r} = \frac{-q}{K}\left\{\phi\left(\frac{b}{\sigma}\right) - \frac{\sigma}{\sqrt{2\pi}}(e^{-\frac{b^2}{2\sigma^2}} - 1) - \left[\phi\left(\frac{a}{\sigma}\right) - \frac{\sigma}{\sqrt{2\pi}}(e^{-\frac{a^2}{2\sigma^2}} - 1)\right]\right\}$$

$$\tag{6.18}$$

以下证明 $\frac{\partial E(\pi_c)}{\partial w_r} < 0$。事实上,构造函数 $F(t), t \in [a,b] \subset [-1,1]$ 如下

$$F(t) = \phi\left(\frac{t}{\sigma}\right) - \frac{\sigma}{\sqrt{2\pi}}(e^{-\frac{t^2}{2\sigma^2}} - 1)$$

则有

$$F'(t) = \frac{1}{\sqrt{2\pi}\sigma} e^{-\frac{t^2}{2\sigma^2}}(1+t) > 0$$

从而有

$$\phi\left(\frac{b}{\sigma}\right) - \frac{\sigma}{\sqrt{2\pi}}(e^{-\frac{b^2}{2\sigma^2}} - 1) - \left[\phi\left(\frac{a}{\sigma}\right) - \frac{\sigma}{\sqrt{2\pi}}(e^{-\frac{a^2}{2\sigma^2}} - 1)\right] > 0 \tag{6.19}$$

由(6.18)式和(6.19)式可知 $\frac{\partial E(\pi_c)}{\partial w_r} < 0$,即 $E(\pi_c)$ 关于 w_r 递减。进一步地,结

合(6.16)式可得,问题(P_1)的最优决策为

$$w_r^* = \frac{f_0 + c_0 + c_2 q^2}{q\left[1 + \frac{1}{K}\frac{\sigma}{\sqrt{2\pi}}(e^{-\frac{a^2}{2\sigma^2}} - e^{-\frac{b^2}{2\sigma^2}})\right]} \tag{6.20}$$

根据(6.16)式和(6.20)式可得公司的最大收益为

$$\frac{qp_2 - c_1 q}{K}\left[\frac{1}{2} - \phi\left(\frac{a}{\sigma}\right)\right] + \frac{qp_2}{K}\frac{\sigma}{\sqrt{2\pi}}(e^{-\frac{a^2}{2\sigma^2}} - 1) + \frac{qp_1 - c_1 q}{K}\left[\phi\left(\frac{b}{\sigma}\right) - \frac{1}{2}\right] +$$

$$\frac{qp_3}{K}\frac{\sigma}{\sqrt{2\pi}}(1 - e^{-\frac{b^2}{2\sigma^2}}) - \frac{f_0 + c_0 + c_2 q^2}{K + \frac{1}{K^2}\frac{\sigma}{\sqrt{2\pi}}(e^{-\frac{a^2}{2\sigma^2}} - e^{-\frac{b^2}{2\sigma^2}})}\left\{\phi\left(\frac{b}{\sigma}\right) - \phi\left(\frac{a}{\sigma}\right) + \frac{\sigma}{\sqrt{2\pi}}(e^{-\frac{a^2}{2\sigma^2}} - e^{-\frac{b^2}{2\sigma^2}})\right\}$$

(6.21)

基于(6.20)式和(6.21)式可得出以下推论。

推论1 若自然条件对产出的影响服从对称分布[①],则最优订单价格不受随机自然条件方差影响;而公司利润随自然条件方差的增大而减少。

推论2 若有利自然条件对产出的影响大于不利自然条件对产出的影响,则最优订单价格(公司最大收益)随自然条件方差的增大而增大(减少)。

推论3 若不利自然条件对产出的影响大于有利自然条件对产出的影响,则最优订单价格(公司最大收益)随自然条件方差的增大而减少(增大)。

推论4 公司按质量分级模式销售下的收益大于不分散的集中销售模式下的收益。

若公司以价格 p_2 统一销售产品,其收益为

$$E(\pi_{0c}) = (qp_2 - qw_r)\left[1 + \frac{1}{K}\frac{\sigma}{\sqrt{2\pi}}(e^{-\frac{a^2}{2\sigma^2}} - e^{-\frac{b^2}{2\sigma^2}})\right] - c_1 q \tag{6.22}$$

通过比较(6.21)式和(6.22)式可推导得到推论4的结论。

6.2.3 数值分析

为了检验模型的有效性,考虑以下的数值例子。模型基本参数参考叶飞等的研究,假设公司预期产量 $q = 10^4$。生产成本系数分别为 $c_0 = 5\,000, c_1 = 0.8, c_2 = 0.001$。不失一般性,取 $f_0 = 0$,这意味着农户的无风险收入为 $5\,000 + 4\,000 = 9\,000$(元),其中土地出让收入为 $5\,000$(元),付出劳动力收入为 $4\,000$(元)。按历史数据

[①] 自然条件对产出的影响服从对称分布时,$-a = b$;有利自然条件对产出的影响大于不利自然条件对产出的影响时,$-a < b$;不利自然条件对产出的影响大于有利自然条件对产出的影响时,$-a > b$。

第6章 考虑产品质量的订单农业供应链决策模型

推断出二级市场不同产品质量下价格分别为 $p_1=2.8, p_2=2.4, p_3=1.8$。在不同自然条件下最优订单和公司最大收益受自然条件方差的影响分别如图6.3和图6.4所示。

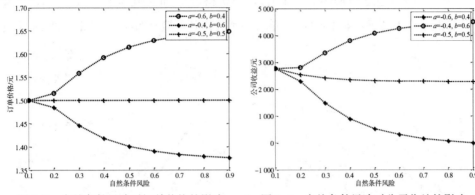

图6.3 自然条件风险对订单价格的影响　　图6.4 自然条件风险对公司收益的影响

从图6.3和图6.4可以看出,当不利天气造成的减产比有利天气造成的增产的强度大时,随着天气风险的增大,订单价格增大,公司收益减少;而在有利天气造成的增产比不利天气造成的减产的强度大时,订单价格随着天气风险的增大而减少,公司收益随之增大。当自然不确定因素服从对称截尾正态分布时,订单价格不受自然条件波动率的影响,而公司收益减少。这也反映了在自然条件影响非对称时自然条件造成的风险对公司收益影响相反。从图6.3还可以看出,订单价格一般比公司对二级市场预期价格低,这与订单农业实际是相符的。图6.3和图6.4结论与推论1~3的结论吻合。为了进一步说明推论结论,改变不同自然条件发生的可能性,得到订单价格和公司收益如图6.5和图6.6所示。

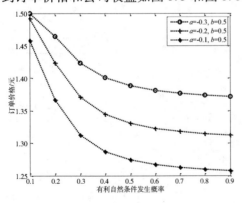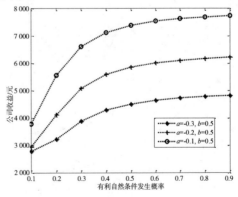

图6.5 有利自然条件下订单价格　　图6.6 有利自然条件下公司收益

从图 6.5 和图 6.6 可以看出,当预计自然条件有利于农业生产时,公司与农户签订的订单价格随着自然条件风险的增大而减小,而此时公司收益呈现递增趋势。其中,在不利自然条件造成的影响较小时,订单价格较小,而公司收益较大。同样地,在预计自然条件不利于农业生产时,订单价格和公司收益情况如图 6.7 和图 6.8 所示。

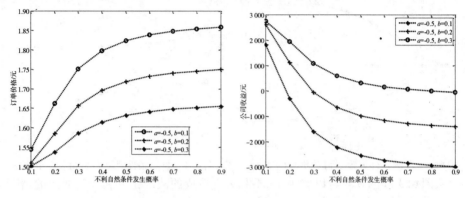

图 6.7 不利自然条件下订单价格　　图 6.8 不利自然条件下公司收益

从图 6.7 和图 6.8 不难发现,当预计自然条件不利于农业生产时,公司与农户签订的订单价格随着自然条件风险的增大而增大,而此时公司收益呈现递减趋势。其中,在有利自然条件造成影响较小时,订单价格较大,而公司收益较小。

假设 $p_1 = 2.8, p_2 = 2.4, p_3 = 1.8$,且自然条件服从 $[-0.6, 0.4]$ 上的截尾正态分布,分析以质量分级销售和以集中价格统一销售两种模式下公司收益如图 6.9 所示。

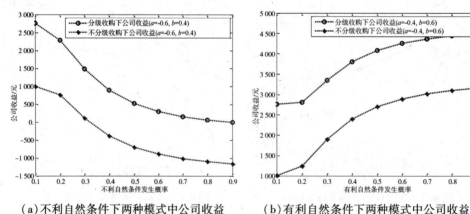

(a) 不利自然条件下两种模式中公司收益　　(b) 有利自然条件下两种模式中公司收益

第6章 考虑产品质量的订单农业供应链决策模型

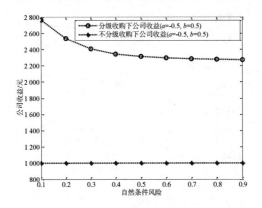

(c) 有利自然条件与不利自然条件对称影响情形下两种模式中公司收益

图6.9 不同自然条件影响下两种模式中公司收益

从图6.9可以看出,不管在什么自然条件下,以质量分级模式销售公司所获得的收益大于集中模式下统一价格销售所获得的收益。特别是在不利自然条件下,集中销售甚至可能导致公司收益为负。为了进一步验证相关结论,研究在不同自然条件下公司收益情况,结果如图6.10所示。

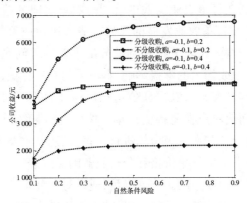

图6.10 不同自然条件下公司收益

从图6.10不难发现,质量分级模式优于统一价格集中销售模式。因此,建议公司以统一价格收购农产品,然后对产品进一步进行筛选,按照不同质量等级不同价格的形式在二级市场销售。

下面分析二级市场不同价格情形下,公司的收益情况如图6.11所示。

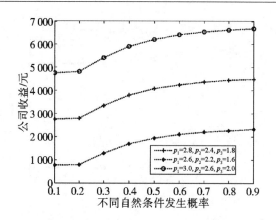

图 6.11 不同销售价格下公司收益

从图 6.11 可以看出，二级市场不同质量等级价格导致公司收益不同。其中，较高的销售价格下，公司的收益也较高。这与实际生产销售是一致的。

6.2.4 结束语

近年来悄然兴起的"公司＋农户"型订单农业是建设社会主义新农村的有效途径之一。它在推进农业结构调整、加快农业产业化进程、增加农户收入等方面发挥着积极的作用。然而，在订单农业实践中公司与农户之间的违约行为日益严重，成为制约"公司＋农户"型订单农业发展的障碍。造成违约现象的主要原因是农产品供应链中存在信息不对称、风险分担和利益分配不合理等问题。首先，不同于已有文献关于自然因素正态或均匀的随机影响，本节采用非对称截尾正态分布刻画自然因素的影响。其次，与已有文献农户和公司双目标最大化不同，本节保证农户收益大于其保留收益，从而使农户自愿接受订单。然后，公司确定订单价格统一收购农产品并对产品按质量分类并在二级市场进行销售，以达到收益最大化目的。通过研究得到不同自然条件下最优订单价格和公司收益的显式表达式。进一步地，分析模型参数对决策变量和公司收益的影响。最后，通过对比公司统一价格销售与质量分级销售两种模式下公司收益发现，采用质量分级销售模式更有利于提高农业企业的利润。

在本节的模型中假设农业生产中的主要成本，如种子、农药、化肥等成本由公司支付。然而，一般而言涉农公司难以预留足够资金支付主要生产成本，为了解决这个问题，可以考虑由公司通过银行贷款方式垫付资金。因此，在本节基础上进一步考虑银行贷款问题是未来研究的一个改进方向。

第6章　考虑产品质量的订单农业供应链决策模型

6.3　基于相对浮动价和政府补贴的订单农业

本节考虑政府提供农户生产成本补贴问题,首先构建公司在不同产品质量浮动收购价格模式下,农户、公司和政府的三阶段 Stackelberg 博弈模型。然后给出最大期望收益目标下农户最优生产规模、公司最优浮动收购价格和社会福利最大化的政府最优补贴率的显式表达式,并分析参数对三方(农户、公司和社会福利)利益的影响。最后进行数值分析,验证了理论结果并进一步得出了相关参数变化的影响。研究结果表明:最优生产规模、农户和公司收益受政府补贴率、不同质量产品价格浮动幅度、自然条件风险的影响。建议政府给农户提供生产成本补贴以激励农户扩大生产规模,从而提高农户和公司收益;为了协调农户和公司利益,建议在好质量产品比例较高时,差质量产品降价幅度可以大于好质量产品价格增加幅度;而当差质量产品比例较高时,差质量产品降价幅度可以小于好质量产品价格增加幅度。

6.3.1　引言

订单农业又称合同农业、契约农业,是指农户或其所在的生产合作社同农产品购买者之间所签订的订单,并基于所签订的订单组织安排生产的一种农业产销模式。发展订单农业对稳定农产品价格、确保农户合理收益、抵御市场价格风险等具有积极作用。2017年,中央一号文件《中共中央　国务院关于深入推进农业供给侧结构性改革加快培育农业农村发展新动能的若干意见》单行本就提出"订单农业"有利于解决"小生产、大市场"的矛盾,减少农户决策的盲目性,降低农业产业化的运行成本与风险,提高农业抵御自然风险和市场风险的能力。随着订单农业的发展,近几年来,我国特别是东北三省,中部地区的河南、湖南、安徽等粮食主产省的积极性日益高涨,对订单农业进行的探索与实践已取得明显成效。尽管如此,订单农业在运行过程中低履约率等现实问题日益严重,制约了订单农业的健康发展。比如,有机构调查发现全国农业订单的履约率仅在30%左右,而影响农户签约率的因素主要有合同价格、价格的波动幅度、种植规模、利益分配等。因此,如何充分考虑订单农业违约影响因素对协调发展订单农业具有重要的意义。

目前,农业订单中合约价格普遍采用固定收购价格、随行就市,以及"保底收购,随行就市"三种模式。其中,采用固定收购价格的固定价格订单在实践中应用是最广泛的,其规定涉农企业在某个时间点以某个价格收购农户一定数量和质量的农产品。在此订单下,农户承担农产品生产过程中的产出风险,涉农企业承担农产品销售的市场风险。在这种价格模式下,当市场价格高于收购价格时农户违约现象比较普遍。如由于粮价上涨等因素,已签订合同的粮农纷纷违约,把粮食高价卖给其他收购商的案例绝非个别。而受市场价格的冲击,一些收购公司在无利可图时,便视当初签订的合同为"一纸空文"。因为不管农户是否签订订单都不能降低收购价格风险,所以随行就市的价格模式与传统模式针对农户是否签订订单问题来说区别不大。而"保底收购,随行就市"模式是为了保障农户利益产生的一种订单农业模式。很多学者针对这种价格模式展开了研究。虽然学者们设计出的这种机制在一定程度上能保护农户的利益,但存在着公司较高违约率的问题。比如,当市场价格低于约定价格时,公司很可能不会履约。而造成违约的主要原因是在"公司+农户"型农产品供应链合作关系中,公司和农户相互独立,双方不存在隶属关系,各自有不同的利益优化目标和私有信息,这些优化目标往往与系统整体优化目标相冲突。只有达到分配均衡才能保障农户参与的积极性,与此同时,企业也可获得最大的收益,最终实现互利双赢的良好局面。

　　为此,学者们提出了一些解决办法。考虑到农户对于企业的真实盈利情况或公司对农户的真实利益处于信息劣势,农户与公司间存在信息不对称问题。学者们利用博弈论方法研究农户和公司之间的信息不对称问题。通过调查研究发现,在订单农业实践中,订单价格实际上是没有"定"数的。如在问卷调查中农户关于"水稻收了能按合同卖吗?"的问题中,近80%的农户表示"现在不好说,到时看价格再定"。而且,大部分农户表示公司在收购过程中对不同质量农产品的收购价格往往不同。这一点也得到了政府有关部门的认可。比如,某省农业厅有关官员认为订单收购价格需要依靠市场调控,优质优价是增产增收的关键。此外,在针对公司的调查研究中得到一般公司也都是通过农产品质量不同价格不同的浮动价格模式进行收购,然后将优劣产品"中和"后以市场价格在批发市场上规模化统一销售,公司在价格折中过程中赚取差价。这与统一价格收购、分级质量销售模式相比还有一个现实原因是公司一般收购很多户农户产品,这样导致产品数量很大,若再进一步进行质量分拣,分级销售则需要更多成本。而对单个农户生产的产品进行质量筛选是比较现实的。基于以上分析,本节提出新的、目前在实践中普遍存在的价格模式:在收购时,公司以市场价格为参考,对于优质产品公司在市场价格基础上上浮一个幅度收购,而对于质量较差的产品在市场价格基础上下调一个幅度收购。

　　众所周知,我国农业属于是典型的气候型农业,"靠天吃饭"是我国农业的主要特征,即农产品实际产量受自然条件的影响很大。旱灾洪涝、病虫害等自然灾害给农业实际产出造成了极大威胁,从而使供应链参与者面临产出风险。有些学者提出

第6章 考虑产品质量的订单农业供应链决策模型

通过购买农业保险对冲不利自然条件引起的风险。吕晓英等把农业保险系统动力学模型和人保财险总公司农业保险宏观系统动力学模型相耦合,对我国农业保险大灾风险分散方式进行了模拟研究。曹武军和陈志斐通过构建自然风险和农业保险两种模式下的供应链利润模型。还有些学者将期权应用到供应链中对冲产出风险。但据调查研究发现,我国目前农业生产者经营规模小而散,农业生产的商品化程度低。农产品经济价值低,使得农户投保意识淡薄,自愿缴费积极性低,风险分担机制难以很好地发挥作用。另外,我国金融市场的发展相对比较滞后,金融衍生工具市场还不够完善,加上农业生产者专业水平薄弱等原因,因此利用金融衍生工具对冲风险在实际应用中难以实现。

目前,农业补贴仍然是我国政府对农业支持与保护政策体系中最主要、最常用的政策工具。农业生产成本主要包括土地成本、生产资料(种子、化肥、农药等)和劳动力成本。大部分农户认为政府农业补贴可以弥补部分损失。事实上,我国目前对农业生产补贴力度比较大。而传统的直接补贴不一定能起到补贴政策的指向性、精准性。有时政府给农户提供直接补贴不一定是最优的。特别是我国农业生产面积很广,政府若按面积进行补贴,在实际中难以核实投入生产的真实土地面积。从而导致农户抛荒地也领取补贴的不合理现象。在较新的"三农"文件中,改直接补贴为农资综合补贴。比如2015年,《关于调整完善农业三项补贴政策的指导意见》中同意在全国范围内从农资综合补贴中调整20%的资金。基于我国目前"三农"发展的现实情况,本节提出政府补贴新模式:政府不再按面积提供直接补贴,而是补贴生产资料成本。

本节根据我国农业生产补贴的现实(政府补贴农户生产资料成本),构建农户、公司和政府三方最优供应链模型。其中,公司确定不同质量产品相对于市场价格的浮动幅度以最大化其收益。农户接受政府生产资料成本补贴,并在最大化收益的目标下确定生产规模。政府为达到社会福利最大化确定最优保险补贴率。根据模型结果分析各参数对三方利益的影响,并基于分析结果为创新政府补贴机制提供思路,为促进"三农"发展提供相关建议。

6.3.2 基本假设

本节构建由单个农户、单个公司和单个政府组成的三级订单农业供应链基本模型。这里的"单个"既可指自然的一个,也可以指由小户农户或单个公司组成的一个生产或销售合作社。基于固定收购价格、保底收购随行就市等模式存在的不足,不同于已有研究,本节假定在生产开始时,公司与农户签订收购订单,该订单规定:收购价格参考收获时的市场价格,并且不同质量农产品收购价格不同。其中,质量好的产品在市场价格基础稍做上浮,差质量产品的收购价格在市场价格的基础上稍做减少。农户在此订单基础上确定预计产量,然后按照预计开展生产。在销售季节,公司以约定的价格收购农业企业所有生产的农产品。除此之外,基于我国目前"三农"政策,假设政府为农户提供生产资料(如种子、农药、化肥等)成本补贴。农户和公司分别通过确定生产规模和浮动收购价格最大化自身收益,政府提供补贴的目的在于最大化社会财富。

在建模之前,提出如下假设:

(1)天气或虫害等自然因素会对农业企业的产出产生影响,从而使实际产出与农户预计产出有所偏差。记实际产出为 $Q(1+\varepsilon)$,其中 ε 均值为 0,且令 $E[(1+\varepsilon)]^2 = \delta^2$。

(2)受自然条件、收获时机和人为管理等因素影响,农产品质量一般是参差不齐的。假设出售时产品质量被划分为两个等级,其中好质量产品占的比例为 β,则差质量产品比例为 $1-\beta$。

(3)假设公司与农户签订协议按参考市场价格、以浮动价格模式收购不同质量农产品。公司根据自身收益最大化确定浮动收购价格 x 和 y(元/单位产出)。其中,x 表示好质量产品在市场价格基础上上浮的幅度;y 表示差质量产品在市场价格基础上下调的幅度。

(4)农业企业为了达到最大化收益的目标确定预计生产量 Q,进而确定生产规模。生产成本 $C(Q)$ 满足 $C'(Q) > 0, C''(Q) > 0$。借鉴相关的研究成果,假设成本函数可以写成 $C(Q) = c_0 + c_1 Q + c_2 Q^2$,其中 c_0 为固定成本;$c_1 Q > 0$ 为种植农产品的投入成本;$c_2 > 0$ 为农户的努力成本系数,$c_2 Q^2$ 表示农户生产农产品的努力成本。为了鼓励农户参与生产和减轻农户经济压力,政府为农户提供部分生产资料成本补贴。假设政府补贴比例为 α,即政府提供的总补贴为 $c_1 Q \alpha$。

(5)不考虑公司面临的需求风险,其批发价格为 p。参考 Shang 的研究成果,假设农产品的逆需求函数为线性函数,即 $\tilde{p} = u - vQ(1+\varepsilon)$。其中,$u(u>0)$ 表示窒息价格,$v(v>0)$ 为价格敏感系数。

(6)$i = 1, 2$。$i = 1$ 代表政府不提供补贴情形,$i = 2$ 代表政府提供补贴情形。在两种情形下,π_f^i 和 π_r^i 为农业企业和零售商的期望利润,CS^i 表示消费者剩余,SW^i 表示社会福利。

6.3.3 基本模型

下面将先给出农户、公司和政府在各自目标函数下的最优决策,然后给出结论的推导过程。

命题 1 假设政府给农户提供生产资料成本补贴率为 α。若订单规定收购时好质量产品在市场价格基础上上浮 x,差质量产品在市场价格基础上下调 y,则农户为了使自身期望利润最大化,其确定的最优预计产量为

$$Q^* = \frac{\beta x - (1-\beta)y + u - c_1(1-\alpha)}{2(v\delta^2 + c_2)}$$

命题 2 假设政府给农户提供生产资料成本补贴率为 α。若订单规定收购时好质量产品在市场价格基础上上浮 x,差质量产品在市场价格基础上下调 y,则农户的最大收益为

$$E(\pi_f) = \frac{[\beta x - (1-\beta)y + u - c_1(1-\alpha)]^2}{4(v\delta^2 + c_2)} - c_0$$

命题 3 假设政府给农户提供生产资料成本补贴率为 α。若订单给定收购时好质量产品在市场价格基础上上浮 x,差质量产品在市场价格基础上下调 y,则公司的最大收益为

$$E(\pi_c) = \frac{\beta x - (1-\beta)y + u - c_1(1-\alpha)}{2(v\delta^2 + c_2)}[(1-\beta)y - \beta x]$$

推论 1 若不同质量浮动收购价格由公司根据最大化其期望收益确定,则在农户和公司双最大化收益目标下,公司为了使自身期望利润最大化,其确定的最优浮动价格满足

$$2(1-\beta)y^* = 2\beta x^* - c_1(1-\alpha) + u$$

推论 2 在农户和公司双最大化收益目标下,农户确定的最优预计产量为

$$Q^* = \frac{u - c_1(1-\alpha)}{4(v\delta^2 + c_2)}$$

推论 3 在农户和公司双最大化收益目标下,农户的最大期望收益为

$$\pi_f^* = \frac{[u - c_1(1-\alpha)]^2}{16(v\delta^2 + c_2)} - c_0$$

推论 4 在农户和公司双最大化收益目标下,公司的最大期望收益为

$$\pi_c^* = \frac{[u - c_1(1-\alpha)]^2}{8(v\delta^2 + c_2)}$$

在以下的研究中,将给出命题 1~3 和推论 1~4 的证明过程。

1. 农户最优生产决策模型

农户的生产成本中生产资料成本除政府补贴一部分外,还要承担 $c_1 Q(1-\alpha)$。根据实际产出的不同质量情况,可得到农户的收益为

$$\pi_f = Q(1+\varepsilon)\beta(\tilde{p}+x) + Q(1+\varepsilon)(1-\beta)(\tilde{p}-y) - c_0 - c_1 Q(1-\alpha) - c_2 Q^2$$

根据假设(5)将农户的收益表示成

$$\pi_f = Q(1+\varepsilon)\beta u - Q^2(1+\varepsilon)^2 \beta v + xQ(1+\varepsilon)\beta + Q(1+\varepsilon)(1-\beta)u - Q^2(1+\varepsilon)^2(1-\beta)v - Q(1+\varepsilon)(1-\beta)y - c_0 - c_1 Q(1-\alpha) - c_2 Q^2 - c_0 \tag{6.23}$$

由假设(1)可得农户的期望收益为

$$\begin{aligned}E(\pi_f) &= Q\beta u + xQ\beta + Q(1-\beta)u - Q^2 \delta^2 v - Q(1-\beta)y - c_0 - c_1 Q(1-\alpha) - c_2 Q^2 \\&= Q[\beta x - (1-\beta)y + \mu - c_1(1-\alpha)] - Q^2(v\delta^2 + c_2) - c_0\end{aligned} \tag{6.24}$$

农业企业确定其最优生产规模 Q^* 以最大化期望其利润,模型描述为

$$\max_Q E(\pi_f) \tag{P_1}$$

由(6.24)式不难看出,农户期望利润函数是关于决策变量 Q 的凹函数[①]。根据 $E(\pi_f)$ 对 Q 的一阶导函数可得,当给定不同质量产品浮动收购价格时,农业企业的最优生产规模为

$$Q^* = \frac{\beta x - (1-\beta)y + u - c_1(1-\alpha)}{2(v\delta^2 + c_2)} \tag{6.25}$$

于是,在最优预计产量下农户的收益为

$$E(\pi_f) = \frac{[\beta x - (1-\beta)y + u - c_1(1-\alpha)]^2}{4(v\delta^2 + c_2)} - c_0 \tag{6.26}$$

基于以上假设,当给定不同质量产品浮动收购价格时,公司的收益为

$$\begin{aligned}\pi_c &= Q(1+\varepsilon)\tilde{p} - Q(1+\varepsilon)\beta(\tilde{p}+x) - Q(1+\varepsilon)(1-\beta)(\tilde{p}-y) \\&= Q(1+\varepsilon)[u - vQ(1+\varepsilon)] - Q(1+\varepsilon)\beta[u - vQ(1+\varepsilon) + x] - \\&\quad Q(1+\varepsilon)(1-\beta)[u - vQ(1+\varepsilon) - y]\end{aligned} \tag{6.27}$$

从而,当给定不同质量产品浮动收购价格时公司的期望收益可表示成

$$E(\pi_c) = Q[(1-\beta)y - \beta x]$$

---

① 本节中凹函数是指二阶导小于 0 的函数。

第6章 考虑产品质量的订单农业供应链决策模型

$$= \frac{\beta x - (1-\beta)y + u - c_1(1-\alpha)}{2(v\delta^2 + c_2)}[(1-\beta)y - \beta x] \quad (6.28)$$

综上所述,若给定不同质量产品价格浮动幅度 x、y,那么农户确定的最优预计产量、农户和公司的最优收益如(6.25)、(6.26) 和(6.28) 式所示。从而命题 1~3 得证。

2. 公司最优浮动定价模型

若浮动价格幅度由公司确定,则公司确定的不同质量产品浮动收购价格使其期望收益最大化。公司的决策模型为

$$\max_{x,y} \pi_c \quad (P_2)$$

在完全信息条件下,公司可以预测到农户的生产规模满足(6.25) 式。又因为模型(P_2) 的目标函数关于决策变量 x、y 为凹函数,所以根据 π_c 分别对 x 和 y 的一阶导函数有

$$2(1-\beta)y^* - 2\beta x^* = u - c_1(1-\alpha) \quad (6.29)$$

若农户和公司目标都是使各自收益最大化,则结合(6.25) 和(6.29) 式可得当优质和劣质产品浮动价格满足 $2(1-\beta)y^* - 2\beta x^* = u - c_1(1-\alpha)$ 时,农户最优决策变量为

$$Q^* = \frac{u - c_1(1-\alpha)}{4(v\delta^2 + c_2)} \quad (6.30)$$

进而可得农户和公司最优期望收益为

$$\pi_f^* = \frac{[u - c_1(1-\alpha)]^2}{16(v\delta^2 + c_2)} - c_0 \quad (6.31)$$

$$\pi_c^* = \frac{[u - c_1(1-\alpha)]^2}{8(v\delta^2 + c_2)} \quad (6.32)$$

于是,推论 1~4 的结论成立。

3. 政府最优补贴率模型

农产品供应链的生产及零售是物质再生过程,满足了消费者的需求,创造了社会福利。政府通过补贴,就是要在最大程度上为社会创造福利,以提高政策效能。因此,政府是补贴政策的制定者和农业供应链的协调者。它的目的是通过提供补贴使社会福利达到最大。

命题4 若订单给定收购时好质量产品在市场价格基础上浮动的幅度,且政府通过补贴农业生产资料成本使社会福利最大化,则政府提供的最优补贴率为

$$\alpha^* = \frac{v\delta^2[(1-\beta)y - \beta x + u - c_1] + 2c_2[(1-\beta)y + \beta x]}{v\delta^2 c_1 + 2c_1 c_2}$$

推论5 假设农户确定生产规模最大化其期望收益,公司确定不同质量浮动价格幅度使其期望收益最大化,政府通过补贴农业生产资料成本使社会福利最大化,则政府提供的最优补贴率为

$$\alpha^* = \frac{(u-c_1)(3v\delta^2 + 2c_2)}{c_1 v\delta^2 + 2c_1 c_2}$$

下面将给出命题4和推论5的推导过程。

本节中社会福利的计算依据黄辉琼等的研究。其中,消费者剩余函数可表示为

$$CS = \frac{1}{2}vQ^2\delta^2 \tag{6.33}$$

因此,社会福利为

$$SW = \pi_f^* + \pi_c^* + CS^* - c_1 Q^* \alpha \tag{6.34}$$

将(6.26)、(6.28)和(6.33)式代入(6.34)式有

$$SW = \frac{\beta x - (1-\beta)y + u - c_1(1-\alpha)}{2}Q - c_0 + Q[(1-\beta)y - \beta x] + \frac{1}{2}vQ^2\delta^2 - c_1 Q\alpha \tag{6.35}$$

令 $\frac{d(SW)}{d\alpha} = 0$ 可得

$$\alpha^* = \frac{v\delta^2[(1-\beta)y - \beta x + u - c_1] + 2c_2[(1-\beta)y - \beta x]}{v\delta^2 c_1 + 2c_1 c_2} \tag{6.36}$$

进一步地,将(6.29)式代入(6.36)式可知,当农户确定生产规模最大化其期望收益,公司确定不同质量浮动价格幅度使其期望收益最大化,政府通过补贴农业生产资料成本使社会福利最大化时,政府提供的最优补贴率为

$$d^* = \frac{(u-c_1)(3v\delta^2 + 2c_2)}{c_1 v\delta^2 + 2c_1 c_2} \tag{6.37}$$

6.3.4 农产品供应链最优决策分析

下面分析模型各参数对农产品供应链最优决策的影响。由(6.30)式不难得到如下推论。

推论6 农户最优生产规模与各参数关系如表6.1所示。

第6章 考虑产品质量的订单农业供应链决策模型

表6.1 农户最优生产规模与各参数的关系

参数 最优生产规模	$\alpha\uparrow$	$\delta^2\uparrow$	$x\uparrow$	$y\uparrow$	$\beta\uparrow$
Q^*	$\uparrow$	$\downarrow$	$\downarrow$	$\uparrow$	$\downarrow$

从表6.1可以得到,农户确定的最优生产规模与α和y正相关,而与δ^2、x和β负相关。当优质产品收购价格增加幅度增大时,农户决定的最优生产规模增大,当差质量产品收购价格削价幅度增大时,农户决定的最优生产规模减少。这与实际是相符的。当优质产品比例较大时,最优生产规模较小,体现了农业精生产的必要性。比如,当农户提高生产技术、合理安排生产使优质产品数量增加时,其可以适当减小生产规模。随着政府对农户补贴率的提高,农户确定的生产规模增大,也就是由于有了政府对农业企业购买农业保险的支持,零售商以较低的收购价格来保护自己的利益。从参数之间的关系可以看出,政府提供补贴给农户,可以激励农户扩大生产规模,从而促进农业生产。自然条件波动越大,最优生产规模越小。这说明农户不大愿意承担因自然条件导致的产出风险损失。

由(6.31)和(6.32)式不难得到农户与公司的最优收益与模型参数的关系如推论7所示。

推论7 农户和公司的最优收益与各参数关系如表6.2所示。

表6.2 农户和公司的最优收益与各参数的关系

参数 最优收益	$\alpha\uparrow$	$\delta^2\uparrow$	$x\uparrow$	$y\uparrow$	$\beta\uparrow$
π_f^*	$\uparrow$	$\downarrow$	$\uparrow$	$\downarrow$	$\uparrow$
π_c^*	$\uparrow$	$\downarrow$	$\downarrow$	$\uparrow$	$\uparrow$

从表6.2可以看出,农户最优收益与α、x和β正相关,而与δ^2和y负相关;公司最优收益与α、y和β正相关,而与δ^2和x负相关。这说明政府补贴和好质量产品比例不仅能提高农户收益,还可以提高公司收益。自然条件对产出影响的风险都不利于农户和公司。好质量产品价格增加幅度对农户是有利的,而对公司是不利的。反之,差质量产品价格减少幅度越大,农户收益越小,但公司却从中受益。因此,不同质量价格浮动幅度对农户与公司利益的影响是不协调的。类似地,根据(6.36)式不难得出政府最优补贴率与参数的关系如推论8所示。

推论8 政府提供的农业保险最优补贴率与市场窒息价格、自然条件对产出造成的风险正相关。

从推论8可以分析出与现实相符的结论。当市场窒息价格较高时,市场批发价格越高。这意味着农产品产出较少,政府提供的补贴较高。政府通过这一措施可以在一定程度上弥补因产出减少给农户带来的损失。自然条件对产出造成的风险越大,政府补贴越高。一般而言,对于受自然因素影响而产生较大损失的农产品(如中药材等),其损失一般比其他农产品损失更大,政府对这类农产品的补贴力度也较大。这也体现了政府为帮助农业企业规避不利自然因素造成的风险。

6.3.5 数值算例分析

为了检验模型的有效性,考虑以下的数值例子。模型基本参数借鉴 Tregutha 和 Vink 的研究,生产成本系数分别为 $c_0 = 5\,000$,$c_1 = 0.02$,$c_2 = 0.000\,3$,且 $u = 80$,$v = 0.000\,2$。取 $\alpha = 0.8$,$\beta = 0.6$ 且 $x = 5$,$y = 8$ 时,农户和公司收益受自然因素波动影响如表 6.3 所示。

表 6.3 差质量产品降价幅度大于好质量产品价格增加幅度时两方收益

δ^2 收益	1.1	1.2	1.3	1.4	1.5	1.6	1.7	1.8	1.9
农户($\times 10^5$)	4.894	4.864	4.833	4.804	4.774	4.745	4.716	4.688	4.660
公司($\times 10^3$)	2.478	2.463	2.448	2.433	2.418	2.404	2.389	2.375	2.361

从表 6.3 可以看出,当差质量产品降价幅度大于好质量产品价格增加幅度时,农户和公司均取得了正收益,并且农户和公司收益均随自然因素波动的增大而减少。自然因素对产出造成的波动越大,越不利于提高两方收益。这说明农业生产不仅仅是农户"靠天吃饭",公司收益情况也要靠"天"。为了研究不同浮动价格的影响,再取 $\alpha = 0.8$,$\beta = 0.6$ 且 $x = 8$,$y = 5$,得到农户和公司收益受自然因素波动的影响如表 6.4 所示。

表 6.4 差质量产品降价幅度小于好质量产品价格增加幅度时两方收益

δ^2 收益	1.1	1.2	1.3	1.4	1.5	1.6	1.7	1.8	1.9
农户($\times 10^5$)	5.273	5.240	5.208	5.175	5.144	5.113	5.082	5.051	5.021
公司($\times 10^4$)	-3.600	-3.578	-3.556	-3.534	-3.513	-3.492	-3.471	-3.450	-3.430

从表 6.4 可以看出,当差质量产品降价幅度小于好质量产品价格增加幅度时,农户收益为正,而公司获得负收益。这说明好质量产品收购价格向上浮动幅度越大对公司收益越不利。对比表 6.3 和表 6.4 还可以看出,好质量产品收购价格向上浮动幅度增大对农户有利。这些结果与实际情况是吻合的。因此,在农产品收购时,农户一般都会与公司针对价格浮动幅度讨价还价。公司显然不会采取导致负收益的决

策,通常会采取"中和"好质量产品和差质量产品的策略而提高收益。于是,下面进一步分析不同质量产品比例对农户和公司收益的影响,如图6.12和图6.13所示。

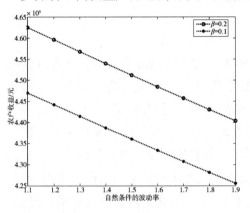

图6.12　不同质量产品比例对农户收益的影响

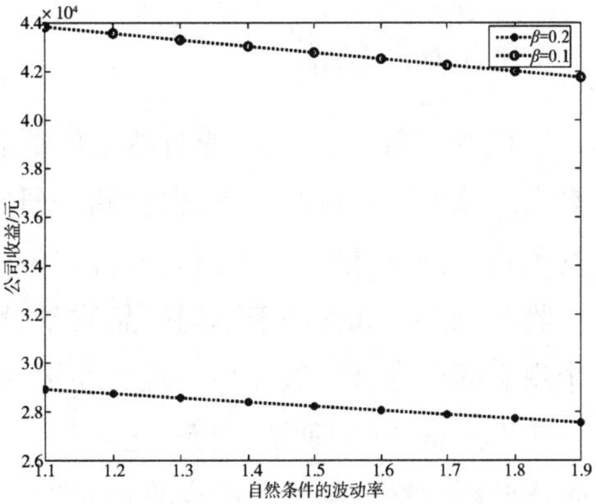

图6.13　不同质量产品比例对公司收益的影响

从图6.12和图6.13可以看出,随自然条件的波动率的增加,农户和公司的收益减少;当好质量产品比例较大时,农户收益较大,而公司收益较小。反之,若差质量产品比例较大时,农户收益较小,而公司收益较大。这正体现了公司在不同质量"中和"中能受益。对比表6.4和图6.13还可以发现,当好质量产品比例很小时,尽管差质量产品降价幅度小于好质量产品价格增加幅度,但公司仍可获得正受益。

综上所述,为了较好地协调农户和公司利益,建议在好质量产品比例较高时,差质量产品降价幅度大于好质量产品价格增加幅度;而当差质量产品比例较高时,差质量产品降价幅度小于好质量产品价格增加幅度。

政府补贴对农户和公司收益也会产生影响,以下取$\delta^2=1.1,x=5,y=8$,分析政府补贴率对供应链两方收益的影响,如表6.5所示。

表6.5　政府补贴率对两方收益的影响

收益＼α	0	0.1	0.3	0.5	0.7	0.9
农户	489 388	489 390	489 395	489 400	489 405	489 410
公司	2 478.199	2 478.205	2 478.217	2 478.230	2 478.242	2 478.254

从表6.5不难发现,随着政府补贴率的增加,农户和公司收益均增加。这也正体现了政府补贴在促进农业生产中的积极作用。我国近年来农产品补贴增长很快,在全部财政补贴中占据重要地位。因此,在我国农业经济体制改革特别是订单农业的

不断深入过程中,适当地运用农业财政补贴政策,在一定程度上可以缓解因价格和利益关系变动带来的矛盾,为订单农业发展的顺利进行和社会稳定创造条件。

6.3.6 结语

众所周知,农业生产受自然条件的影响很大,主要体现在有利的自然条件能提高农产品实际产量和质量。根据调查研究结果显示:在订单农业实践中为了规避违约风险,订单价格并不是固定的,而是在收购时按照不同产品质量参考市场价格浮动收购。那么,如何基于不同产品质量设计浮动订单价格协调农户和公司利益是一个现实问题。此外,农业生产成本主要包括生产资料价格和劳动力价格。其中,购买农业生产资料(如种子、农药、化肥等)的成本在农业生产成本中占很大比重。农业生产资料价格大幅上涨造成的农业生产成本上升,必然会导致农户收入增速缓慢。因此,降低农业生产成本是增加农户收入的有力措施。目前,我国政府通过给农户提供农业生产成本补贴帮助农户降低生产成本、激励农户生产的做法比较普遍。比如,2015年,中央财政安排农作物良种补贴资金203.5亿元,对水稻、小麦、玉米、棉花、东北和内蒙古的大豆、长江流域10个省(市)和河南信阳、陕西汉中及安康地区的冬油菜、藏区青稞实行全覆盖,并对马铃薯和花生在主产区开展补贴试点。那么政府补贴对农产品供应链的影响如何也是一个现实问题。

本节基于相对浮动价和政府提供的生产成本,分别构建使农户和公司最大化期望利润、政府最大化社会福利的博弈模型,给出最优生产规模、最优收购价格浮动幅度和最优补贴率;研究了模型参数对农户、公司和政府三方利益的影响关系,对比分析了政府补贴的影响和质量分级模式收购的效果。通过研究发现:最优生产规模与政府补贴率和差质量产品价格下调幅度正相关,而与自然条件风险,好质量产品价格上浮幅度和好质量产品比例负相关。农户最优收益与政府补贴率、好质量产品价格上浮幅度和好质量产品比例正相关,而与自然风险、差质量产品价格下调幅度负相关;公司最优收益与政府补贴率、差质量产品价格下调幅度和好质量产品比例正相关,而与自然条件风险和好质量产品价格上浮幅度负相关。因此,建议政府给农户提供生产成本补贴以激励农户扩大生产规模,从而达到多产多销的目的。通过分析不同质量产品比例的影响,提出为了较好地协调农户和公司利益,建议在好质量产品比例较高时,差质量产品降价幅度可以大于好质量产品价格增加幅度;而当差质量产品比例较高时,差质量产品降价幅度可以小于好质量产品价格增加幅度。

第6章 考虑产品质量的订单农业供应链决策模型

在本节的模型中,假设农业生产企业的生产成本通过自筹和获取政府补贴获得。在订单农业实践中,还有一种模式是由公司提前垫付种子、化肥、农药等生产资料成本。因此,考虑由公司垫付生产资料成本问题是未来研究的一个改进方向。

参 考 文 献

[1] KEY N, MACDONALD J. Agricultural contracting: Trading autonomy for risk reduction[J]. Amber Waves, 2006, 4(1): 26 – 31.

[2] WANG Y, WANG J, SHOU B. Pricing and effort investment for a newsvendor – type product[J]. European Journal of Operational Research, 2013, 229(2): 422 – 432.

[3] WANG H, WANG Y, DELGADO M. The transition to modern agriculture: Contract farming in developing economies[J]. American Journal of Agricultural Economics, 2014, 96(5): 1257 – 1271.

[4] 刘秀玲, 戴蓬军. 供应链管理在农业产业化经营的应用[J]. 科技进步与对策, 2004(5): 66 – 67.

[5] 蒋明, 孙赵勇. 农户专业合作经济组织问题探析: 基于博弈理论的实证分析[J]. 科技进步与对策, 2011, 28(2): 28 – 32.

[6] 马九杰, 徐雪高. 市场结构与订单农业的履约分析[J]. 农业经济问题, 2008(3): 35 – 41.

[7] 庄亚明, 李晏墅, 李金生, 等. 供应链协同研究综述[J]. 经济学动态, 2010(4): 86 – 89.

[8] TREGUTHA N L, VINK N. Trust and supply chain relationship: A South African case study[J]. Agrekon, 1999, 38(4): 755 – 765.

[9] BOGETOFT P, OLSEN H. Ten rules of thumb in contract design: Lessons from Danish agriculture[J]. European Review of Agricultural Economics, 2002, 29(2): 185 – 204.

[10] WU D J, KLEINDORFER P R, ZHANG J E. Optimal bidding and contracting strategies for capital – intensive goods[J]. European Journal of Operational Research, 2002, 137(3): 657 – 676.

[11] KHIEM N T, EMOR S. Linking farmers to markets through contract farming[J]. Markets and Development Bulletin, 2005(3): 129 – 142.

[12] 陆杉. 农产品供应链成员信任机制的建立与完善: 基于博弈理论的分析[J]. 管理世界, 2012(7): 172 – 173.

[13] 叶飞,林强.风险规避型供应链的收益共享机制研究[J].管理工程学报,2012, 26(1):113-118.

[14] OMKAR D,PALSULE D. Supply chain coordination using revenue-dependent revenue sharing contracts[J]. Omega,2013,41(4):780-796.

[15] 林强,叶飞."公司+农户"型订单农业供应链的 Nash 协商模型[J].系统工程理论与实践,2014,34(7):1669-1778.

[16] FENG X H,MOONB I,RYUC K. Revenue-sharing contracts in an N-stage supply chain with reliability considerations[J]. International Journal of Production Economics,2014,147(1):20-29.

[17] 程新章.供应链问题的文献综述[J].科技进步与对策,2006,23(10):196-200.

[18] MCKINNON R I. Futures markets,buffer stocks,and income stability for primary producers[J]. Journal of Political Economy,1967,75(6):844-861.

[19] GRANT D. Theory of the firm with joint price and output risk and a forward market[J]. American Journal of Agriculture Economic,1985,67(3):630-635.

[20] LAPAN H,MOSCHINI G,STEVEN D. Production,hedging,and speculative decisions with options and futures market[J]. American Journal of Agricultural Economics,1991,73(1):66-74.

[21] 刘岩.期货市场服务"三农"中的"公司+农户"模式研究[J].经济与管理研究,2008(4):54-57.

[22] 杨芳.利用期货市场管理订单农业违约风险的实证分析[J].农业技术经济,2011(5):97-104.

[23] 王春贤.关于进一步改进订单农业金融服务的思考[J].金融经济,2013(24):168-170.

[24] INDERFURTH K,KELLE P. Capacity reservation under spot market price uncertainty[J]. International Journal of Production Economics,2011,133(1):272-279.

[25] HE Y,WANG S Y. Analysis of production-inventory system for deteriorating items with demand disruption[J]. International Journal of Production Research,2012,50(16):4580-4592.

[26] CHEN Y F,XUE W,YANG J. Technical note optimal inventory policy in the presence of a long-term supplier and a spot market[J]. Operations Research,2013,61(1):88-97.

[27] LI G,HUANG F F,CHENG T C E. Make-or-buy service capacity decision in a

supply chain providing after – sales service[J]. European Journal of Operational Research,2014,239(2):377 – 388.

[28] 迟国泰,余方平,王玉刚. 基于动态规划多期期货套期保值优化模型研究[J]. 中国管理科学,2010,18(3):17 – 24.

[29] 傅俊辉,张卫国,杜倩,等. 规避逐日盯市风险的期货套期保值模型[J]. 管理科学,2011,24(3):86 – 93.

[30] 廖萍康,张卫国,傅俊辉. 考虑机会成本的最优期货备用保证金需求[J]. 系统管理学报,2013,22(1):91 – 98.

[31] 陆克今,薛恒新. 实物期权理论两个新应用领域——基于文献的研究性述评[J]. 经济学动态,2012(7):89 – 93.

[32] WONG K P. International trade and hedging under joint price and exchange rate uncertainty[J]. International Review of Economics and Finance,2013,27:160 – 170.

[33] BAJO E,BARBI M,ROMAGNOLI S. Optimal corporate hedging using options with basis and production risk[J]. North American Journal of Economics and Finance,2014,30:56 – 71.

[34] BAJO E,BARBI M,ROMAGNOBI S. A generalized approach to optimal hedging with option contracts[J]. The European Journal of Finance,2015,21(9):713 – 733.

[35] RITCHKEN P,TAPIERO C. Contingent claims contracting for purchasing decision in inventory management[J]. Operation Research,1986,34(6):864 – 870.

[36] XU H. Managing production and procurement through option contracts in supply chains with random yield[J]. International Journal of Production Economics,2010,126(2):306 – 313.

[37] ZHAO Y,WANG S,CHENG T C. Coordination of supply chains by option contracts: A cooperative game theory approach[J]. European Journal of Operational Research,2010,207(2):668 – 675.

[38] LUO M L,LI G,WAN J. Supply chain coordination with dual procurement sources via real option contract[J]. Computers and Industrial Engineering,2015,80:274 – 283.

[39] SPINLER S,HUCHZERMEIER A. The valuation of options on capacity with cost and demand uncertainty[J]. European Journal of Operational Research,2006,171(3):915 – 934.

[40] WU D Y. The impact of repeated interactions on supply chain contracts: A laboratory

study[J]. International Journal of Production Economics,2013,142(1):3-15.

[41] ZHAO Y X,MA L J,XIE G. Coordination of supply chains with bidirectional option contracts[J]. European Journal of Operational Research,2013,229(2):375-381.

[42] 宁钟,林滨. 供应链风险管理中的期权机制[J]. 系统工程学报,2007,22(2):141-147.

[43] 叶飞,林强,莫瑞君. 基于B-S模型的订单农业供应链协调机制研究[J]. 管理科学学报,2012,15(1):66-76.

[44] 孙国华,许垒. 随机供求下二级农产品供应链期权合同协调研究[J]. 管理工程学报,2014,28(2):201-210.

[45] 朱海波,胡文. 基于期权的供应链数量柔性契约决策模型[J]. 控制与决策,2014,29(5):860-865.

[46] 陈小娜,舒晓惠,李佳花,等. 我国农村金融产品的创新研究——以农产品期权为例[J]. 杭州金融研修学院学报,2015(5):44-46.

[47] MUSSHOFF O,ODENING M,XU W. Management of climate risks in agriculture—will weather derivatives permeate?[J]. Applied Economics,2011,43(9):1067-1077.

[48] MARKOVIC R F,STOJCESKA A M,IVANOVIC S. Risk reduction in maize production using weather put option[J]. Agroeconomia Croatica,2013,3(1):33-37.

[49] 伏红勇,但斌. 基于天气期权的"公司+农户"型订单契约机制研究[J]. 系统工程学报,2015,30(6):768-778.

[50] 逯贵双. 基于天气衍生品方法的农业风险管理[D]. 济南:山东财经大学,2016.

[51] CHEN Y,ZHANG Z,WANG P. Identifying the impact of multi-hazards on crop yield—a case for heat stress and dry stress on winter wheat yield in Northern China[J]. European Journal of Agronomy,2016,73(73):55-63.

[52] 曹武军,石洋洋. 基于期权及保险的农产品供应链的协调优化研究[J]. 工业工程与管理,2016,21(1):8-16.

[53] 曹武军,杨雯水. 基于农业保险及组织形式优化的农产品供应链协调性研究[J]. 农林经济管理学报,2017,16(2):161-169.

[54] 余星,张卫国,刘勇军. 基于农业保险的农产品供应链补贴机制研究[J]. 管理学报,2017,14(10):1546-1552.

[55] 肖国安. 粮食直接补贴政策的经济学解析[J]. 中国农村经济,2005(2):12-17.

[56] SHANG W B. Evolution,problems and countermeasures of China's subsidy policy

for agriculture[J]. Asian Agricultural Research,2011,3(12):14-18.

[57] 凌六一,郭晓龙,胡中菊,等.基于随机产出和随机需求的农产品供应链风险共担合同[J].中国管理科学,2013,21(2):50-57.

[58] SOILE I, MU X. Who benefit most from fuel subsidies? Evidence from Nigeria[J]. Energy Policy,2015,87:314-324.

[59] CASTIBLANCO C,MORENO A,ETTER A. Impact of policies and subsidies in agribusiness:The case of oil palm and biofuels in Colombia[J]. Energy Economics,2015,49(5):6765-6686.

[60] SANDMO A. On the theory of the competitive firm under price uncertainty[J]. American Economic Review,1971,61(1):65-73.

[61] HOLTHAUSEN D M. Hedging and the competitive firm under price uncertainty[J]. American Economic Review,1979,69(5):989-995.

[62] MOSCHINI G,LAPAN H. The hedging role of options and futures under joint price,basis,and production risk[J]. International Economic Review,1995,36(4):1025-1049.

[63] BENNINGGA S,ELDOR R,ILCHA I. The optimal hedge ratio in unbiased futures market[J]. Journal of Futures Market,1984,4(2):155-159.

[64] TREGUTHA N L, VINK N. Trust and supply chain relationship:A south African case study[C]. Annual Conference Paper of International Society for the New Institutional Economics,2002:27-29.

[65] PETER R,CHARLES T. Contingent claims contracting for purchasing decision in inventory management[J]. Operation research,1986,34(6):864-870.

[66] AHN D H,BOUDOUKH J,RICHARDSON M,et al. Optimal risk management using options[J]. Journal of Finance,1999,54(1),359-375.

[67] HORRACE W C. Moments of the truncated normal distribution[J]. Journal of Probability Anal,2015,43:133-138.

[68] 张红艳.基于供应链的环境成本分摊研究[D].长沙:湖南大学,2008.

[69] 周艳菊,胡凤英,周正龙,等.最优碳税税率对供应链结构和社会福利的影响[J].系统工程理论与实践,2017,37(4):886-900.

[70] 赵晓敏,黄盈.基于双源供货的闭环供应链最优决策和社会福利分析[J].工业工程与管理,2016,21(5):76-82.

[71] 刘天亮,陈剑,辛春林.凸需求情形下分权供应链运作效率及福利分析[J].管理科学学报,2011,14(1):61-68.

[72] YE T, YOKOMATSU M, OKADA N. Agricultural production behavior under premium subsidy: Incorporating crop price when subsistence constraint holds[J]. International Journal of Disaster Risk Science, 2012, 3(3):131 - 138.

[73] TSAY A A. Risk sensitivity in distribution channel partnerships: Implications for manufacturer return policies[J]. Journal of Retailing, 2002, 78(2):147 - 160.

[74] 韩宏华,高红峰. 发达国家农户直接补贴的经验及启示[J]. 世界农业,2004(7):13 - 15.

[75] 肖卫东,张宝辉,贺畅,等. 公共财政补贴农业保险:国际经验与中国实践[J]. 中国农村经济,2013(7):13 - 23.

[76] 姚冠新,徐静. 产出不确定下的农产品供应链参与主体决策行为研究[J]. 工业工程与管理,2015,20(2):16 - 22.

[77] 董婉璐,杨军程,申李明. 美国农业保险和农产品期货对农户收入的保障作用——以 2012 年美国玉米遭受旱灾为例[J]. 中国农村经济,2014(9):82 - 86.

[78] 熊峰,彭健,金鹏,等. 生鲜农产品供应链关系契约稳定性影响研究——以冷链设施补贴模式为视角[J]. 中国管理科学,2015,23(8):102 - 111.

[79] 宇海锁. 基于政府补贴的随机产出与需求农产品供应链优化决策[D]. 合肥:中国科学技术大学,2016.

[80] 王国才,陶鹏德. 零售商主导下的制造商竞争与营销渠道联合促销研究[J]. 管理学报,2009,6(9):1231 - 1235.

[81] 李钢,魏峰. 供应链协调中的消费者策略行为与价格保障研究[J]. 管理学报,2013,10(2):225 - 232.

[82] WU J J. Crop insurance, acreage decisions, and nonpoint source pollution[J]. American Journal and Resource Economics, 1999, 81(2):305 - 320.

[83] YOUNG C E, VANDEVEER M L, SCHNEPF R D. Production and price impacts of U. S. crop insurance programs. [J]. American Journal and Resource Economics, 2001, 83(5):1196 - 1203.

[84] XU Y C, JIANG J Y. The Optimal boundary of political subsidies for agricultural insurance in welfare economic prospect[J]. Agriculture and Agricultural Science Procedia, 2010(1):163 - 169.

[85] 黄延信,李伟毅. 加快制度创新推进农业保险可持续发展[J]. 农业经济问题,2013(2):4 - 9.

[86] XU J F, LIAO P. Crop insurance, premium subsidy and agricultural output[J]. Jour-

nal of Integrative Agriculture,2014,13(11):2537-2545.

[87] 叶飞,林强.销售价格受随机产出率影响下"公司+农户"型订单农业的定价模型[J].系统工程学报,2015,30(3):417-430.

[88] 黄建辉,叶飞,林强.随机产出下考虑资金约束的农产品供应链补贴机制研究[J].管理学报,2017,14(2):277-285.

[89] 秦开大,李腾.多不确定条件下的订单农业供应链研究[J].经济问题,2016(2):111-116.

[90] GURNANI H, ERKOC M. Supply contracts in manufacturer-retailer interactions with manufacturer-quality and retailer effort-induced demand[J]. Naval Research Logistics,2008,55(3):200-217.

[91] MA P, WANG H, SHANG J. Contract design for two-stage supply chain coordination: Integrating manufacturer-quality and retailer marketing efforts[J]. International Journal of Production Economics,2013,146(2):745-755.

[92] 刘云志,樊治平.考虑损失规避与质量水平的供应链协调契约模型[J].系统工程学报,2017,32(1):89-102.

[93] 叶飞,林强,李怡娜.基于CVaR的"公司+农户"型订单农业供应链协调契约机制[J].系统工程理论与实践,2011,31(3):450-460.

[94] 叶飞,王吉璞.产出不确定条件下"公司+农户"型订单农业供应链协商模型研究[J].运筹与管理,2017,26(7):82-91.

[95] 刘鹏飞,贺思云.利润-CVaR准则下考虑缺货成本的报童模型研究[J].管理科学与工程,2015,4:23-29.

[96] 陈志明,陈志祥.供需随机的OEM供应链在风险厌恶下的协调决策[J].系统工程理论与实践,2015,35(5):1123-1132.

[97] 徐志春.零售商风险厌恶情形下的契约协调[J].管理学报,2013,10(12):1855-1859.

[98] 朱晓霞,彭正龙.规避订单农业违约行为的期权和期货套期保值策略分析[J].农业经济问题,2008(10):26-30.

[99] 吕晓英,刘伯霞,蒲应龚.农业保险大灾风险分散方式的模拟研究[J].保险研究,2014(12):41-50.

[100] 曹武军,陈志斐.农业保险对生鲜农产品供应链合作关系的影响研究[J].工业工程,2016(5):88-98.